Konrad Hilpert

Zwischen Leihmutterschaft und Sterbehilfe

Aktuelle Ethikdiskurse im Interviewformat

VERLAG KARL ALBER

Die Deutsche Nationalbibliothek verzeichnet diese Publikation in der Deutschen Nationalbibliografie; detaillierte bibliografische Daten sind im Internet über http://dnb.d-nb.de abrufbar.

ISBN 978-3-495-99796-3 (Print)
ISBN 978-3-495-99797-0 (ePDF)

Onlineversion
Nomos eLibrary

1. Auflage 2023

Besuchen Sie uns im Internet
verlag-alber.de

Inhaltsverzeichnis

Das Interview als Gattung von Kommunikation über ethische Themen

Bis in die jüngere Vergangenheit hat die moralische Kommunikation fast ausschließlich in Form von Lehre/Belehrung oder in Gestalt von Zeugnissen über Selbstreflexion stattgefunden. Dem ersten diente eine ausgedehnte Praxis von Norm-Katalogen und Appellen, dem anderen die angeleitete Beschäftigung mit künstlerisch gestalteten literarischen Texten, paradigmatischen Geschichten, elaborierten theoretischen Abhandlungen und populären Weisheitssentenzen. Beide Formen moralischer Kommunikation waren über Jahrhunderte so erfolgreich, dass sie bis in die Gegenwart hinein die Erwartungen eines Großteils der Öffentlichkeit an die prägen, die als »Profis« für Moral gelten. Darunter fallen längst nicht mehr nur Erzieher, Wissenschaftler vom Fach (sog. Ethiker) und Repräsentanten wichtiger gesellschaftlicher Institutionen. Längst hat sich ihr Kreis erweitert um bekannte Künstler, angesehene Sportler, Mitglieder von Nichtregierungsorganisationen, die ganz spezielle Anliegen vertreten und deshalb aus den allgemeinen Forderungen hervorstehen, und ein Heer von Influencern, deren Meinungen, Beurteilungen und persönliche Orientierungsmuster über die sozialen Dienste verfolgt werden, wenn nicht für maßgebend, so doch zumindest für legitim und achtenswert gehalten werden.

Interviews sind im öffentlichen Diskurs ein beliebtes Mittel, Informationen bereitzustellen und Meinungen auszutauschen. Dabei sind sie nicht – wie viele im Blick auf die Vermittlung wissenschaftlicher Einsichten meinen – einfach eine populäre, sozusagen journalistisch aufgelockerte Art der Informationsvermittlung, und auch nicht nur ein Stil des Sprechens (und Schreibens) oder eine Methode populärer Didaktik, die auf einen über das Fachpublikum hinaus erweiterten Personenkreis zielt. Vielmehr sind sie nicht weniger als eine eigene Art der moralischen Kommunikation mit der Öffentlichkeit.

Interviews sind eine Weise, wie thematisch konzis und zu jedem Zeitpunkt von Akteuren der Medien fachliche Stellungnahmen zu Sujets der Moral angeregt, aufgerufen und in die öffentliche Kommunikation ein"gespeist« werden können. Als eine Form echten Gesprächs enthalten sie bei aller Sachbezogenheit ein Element von Spontaneität bei und sind, indem sie mittels des Interviewers indirekt an eine Vielzahl von Nutzern adressiert sind, diskursiv. Die Antworten müssen – das ist eine Folge des Genres – kurz und möglichst bündig sein. Fußnoten mit Anmerkungen, Belegen und zusätzlichen Erklärungen wie in wissenschaftlichen Texten sind nicht möglich. Außerdem sind Interviews eigentlich immer anlass- oder kontextbezogen. Solche Anlässe sind häufig Gesetzesvorhaben, aktuelle gesellschaftliche Debatten, die schon an Fahrt aufgenommen haben oder zur Ausbildung kontroverser Meinungen geführt haben; in manchen Fällen ist der Anlass auch ein bevorstehendes Jubiläum oder eine solitäre Meinungsäußerung. Es gehört zu den wichtigsten Aufgaben des Interviewers, den Anlass bzw. den Kontext einleitend zu thematisieren oder durch Nachfragen präsent zu machen.

Als Form moralischer Kommunikation unterscheiden sich Interviews vom Typus der »Lehre« vor allem durch zwei Eigenheiten: Sie eignen sich erstens nicht für das Auskunft-Geben aus einem gesicherten Bestand fertiger Lehrsätze und lassen sich deshalb nicht nach dem Muster von Katechismus- Fragen und -Antworten als gestanzte Information abfragen. Eine Recherche nach dem Muster »Welches ist die Position der Kirche oder des Papstes zu diesem oder jenem speziellen Problem?« würde sich schnell erschöpfen und auch die Institution selbst in die verhängnisvolle Bredouille bringen, Auskünfte zu geben, bevor das betreffende Problem eingehend erhoben und reflektiert werden konnte. Dadurch entsteht unter Umständen das neue und zusätzliche Problem, dass (meist ablehnende und stark auf Vermutungen gestützte) Antworten gesetzt werden, die durch eine weitere gründliche Reflexion diskreditiert werden könnten. Der zweite Unterschied besteht darin, dass die Antworten, die in einem Interview gegeben werden, bei aller Informiertheit authentische Antworten und perspektivische Sichtweisen sind, also gerade nicht formelhafte Standardsätze, die zwar von einem bestimmten Autor gesprochen werden, aber an seiner Stelle auch von einem anderen hätten formuliert werden könnten. Von daher ist sowohl das kolportierend-skandalisierende Zitieren einzelner Formulierungen und Aussagen als auch das nachträgliche Zensurieren als rechtgläubig oder heterodox dieser Vermittlungsart besonders sachfremd und unangemessen.

Bei all den vorgenannten Abgrenzungen und Präzisierungen der Besonderheiten und der Chancen moralischer Kommunikation mittels Interviews soll dennoch nicht ausgeblendet werden, dass hier der interviewte Autor als Vertreter des Fachs Theologische Ethik durchaus Standpunkte beziehen und erläutern möchte bzw. aus dem Horizont eines im katholischen Kontext gewonnenen Glaubensverständnisses Antworten zu geben versucht.

Der vorliegende Band versammelt einige der Interviews, die ich in den letzten zwanzig Jahren zu ethischen Fragen in Zeitschriften und im Rundfunk gegeben habe. Neben oder besser begleitend zu meiner Tätigkeit als Hochschullehrer und wissenschaftlicher Autor bin ich häufiger um Interviews und Kommentare zu aktuellen ethischen Fragen gebeten worden. Ich habe diese Nachfragen ebenso wie die Bitten um Referate vor Religionslehrern der verschiedenen Stufen, vor Ausbildern von Referendaren, vor Seelsorgern, Verantwortungsträgern in Unternehmen, Polizeibeamten, Laienräten und einfach Interessierten stets als erweiterte Aufgabe meines Berufs verstanden und ihr nach Möglichkeit zu entsprechen versucht. Man kann das durchaus als eine spezielle Form der Rechenschaft vor den Gruppen derer deuten, die das Professorenamt schätzen, gesellschaftlich legitimieren und mit ihren Steuern bezahlen. Aber man kann es darüber hinaus auch und zusätzlich als Chance wahrnehmen, exemplarisch theologische Nachdenklichkeit, wissenschaftliche Redlichkeit im Umgang mit Behauptungen und Argumentationen sowie adäquates Problembewusstsein erfahren zu lassen.

Die ausgewählten Interviews verraten natürlich auch etwas über den befragten Wissenschaftler als Person und seine Art, an Probleme heranzugehen. Vor allem jedoch sind sie ein Spiegel von Themen und Akzenten gesellschaftlicher Debatten über Tod und Sterben, medizinische Errungenschaften und ihre Nutzung, die Forschung am menschlichen Leben, aber auch über Beziehungen, Recht und die Möglichkeit von Versöhnung. Dass in den entsprechenden Zusammenhängen auch die besonderen Probleme kirchlicher Moralverkündigung angesprochen werden, versteht sich von selbst.

Interviews sind wie gesagt anlassbedingt; insofern sind sie kontextuell. Das wird nicht zuletzt darin deutlich, dass die behandelten Themen und Streitfragen auch die zeitgleiche wissenschaftlich-literarische Produktion beschäftigt haben. Diese Gleichzeitigkeit habe ich im vorliegenden Buch durch Hinweise auf eigene Publikationen am Ende mehrerer Interviews ausdrücklich gemacht. Eine andere Konsequenz der Kontextualität liegt darin, dass eine Relecture mit zeitlichem Abstand meist erkennen lässt, dass die Diskussion über die Sache inzwischen weitergegangen ist und sich manche Positionierung aktuell als ergänzbar oder als zu vorsichtig erweist. Dies ist das Risiko, das man mit solchem Sprechen eingeht.

Alle diese Befragungen sind im Spannungsfeld zwischen wissenschaftlicher Theologie und der umfassenderen Öffentlichkeit entstanden, die sich informieren und eine Meinung bilden und zur politischen Willensbildung beitragen möchte. Ihre bevorzugten Plätze waren Zeitungen, Magazinen und der Rundfunk. Sie reichten aber darüber hinaus in den Vorraum der Politik hinein in Gestalt von öffentlichen Diskussionsrunden mit Beteiligung prominenter Akteure. Solche Gelegenheiten ergaben sich mehrfach, konnten aber nicht dokumentiert werden. Das zeigt vielleicht am deutlichsten den im Gegensatz einerseits zur Alltagskommunikation und andererseits zum artifiziellen Katechismus-Stil gleichermaßen spontan-nichtschematischen wie flüchtig-passageren Charakter des im Interview praktizierten Frage-Antwort-Spiels.

Man darf vermuten, dass im Kontext sich rasant vermehrender Wissensmengen und ständiger Informationsproduktion dieses Genre für die Theologie, für die Kirche und für die Sichtbarkeit beider an Bedeutung zunehmen wird.

Bedarf, Inhalte und Potenziale ethischer Reflexion

Interviews über moralische Fragen sind eigentlich immer durch aktuell existierende Probleme provoziert. Selbst dann, wenn sie um einer interessanten Persönlichkeit willen und in Bezug auf deren Biografie oder Wirken geführt werden, beziehen sie sich auf einen latenten Reflexionsbedarf und geben ihm durch die personspezifischen Antworten hindurch Stimme und Ausdruck. Ginge es bei den Fragen und Antworten nur um bare Selbstverständlichkeiten und allgemein Akzeptiertes, könnte ein Interview kaum mit Interesse und Beachtung rechnen. Die sind dort gewährleistet, wo Dissense in der Einschätzung von aktuellen Entwicklungen gespürt oder vermutet werden, Konflikte sich abzeichnen oder Krisen unübersehbar eingetreten sind.

Im gesellschaftlichen Prozess treten solche Spannungen regelmäßig dort auf, wo etwa durch technische Fortschritte sich neue Anwendungsmöglichkeiten abzeichnen. Oder wo Politik und Rechtsprechung neue Sichtweisen forcieren und nach und nach durchsetzen. Oder auch dort, wo durch die plötzliche Aufdeckung von Skandalen abrupt Vertrauen in eine lang geübte Praxis, in eine angesehene Institution oder auch in die Angehörigen einer bislang geachteten Profession entzogen wird. Und selbstverständlich auch beim öffentlichen Bewusstwerden der Größe und Schwierigkeit der Anstrengungen bzw. absehbaren Einschränkungen, die nötig sind, um menschengemachte kollektive Bedrohungen wie den Klimawandel oder das Artensterben stoppen.

Stellung bezogen werden kann zu solchen Ereignissen und Erschütterungen aus recht unterschiedlichen Perspektiven, etwa aus ökonomischer oder medizinischer oder auch aus ökologischer bzw. entwicklungspolitischer. Sofern allerdings eine dezidiert ethische Perspektive gewünscht ist, ist das entscheidende Kriterium die Möglichkeit, ob und wie gutes Leben gelingen kann und, ob und wie das Miteinander der vielen Verschiedenen erhalten, geschützt und gefördert werden kann. Ethische Gesichtspunkte können sich selbstverständlich mit anderen, die eben genannt wurden, »reiben«. Vordergründig betrachtet ist diese Konfliktkonstellation sogar fast unausweichlich. Genauer betrachtet erweisen sich derartige Konflikt jedoch vielfach nur als vorläufig und können auf dem Weg von Abwägung und einer anhaltenden Berücksichtigung schrittweise entschärft werden.

Interviews können allerdings in Situationen, die nach öffentlicher Reflexion und nach Orientierung verlangen, nicht einfach autoritativ verbindliche Lösungen geben, und schon gar nicht solche, die die offenen Fragen abschließend bescheiden würden. Sie sind und bleiben Meinungsäußerungen von einzelnen. Ihnen kann allerdings in einer Situation der Orientierungslosigkeit bzw. im Prozess der noch nicht verfestigten Meinungsbildung ein besonderes Gewicht zuwachsen, weil ihren Urhebern aufgrund ihrer Profession oder ihrer speziellen Erfahrungen oder aber auch aufgrund ihrer Unabhängigkeit von Gruppeninteressen ein Mehr an Kompetenz und eine besondere persönliche Integrität eingeräumt wird. Dann mag ihr Votum einer besseren Wahrnehmung dienen oder auch einzelnen Argumenten eine besondere Strahlkraft verleihen. Stellungnehmende Interviews sind aber nicht immer Reaktionen auf die Anfragen anderer, sondern können auch Ausfluss des eigenen Drängens des Interviewten sein, sich in eine laufende Debatte einzuschalten bzw. einen vermeintlich übersehenen oder aus ideologischen Gründen ausgeblendeten Aspekt der Öffentlichkeit stark zu machen.

In den letzten Jahrzehnten betrafen solche Unsicherheiten, Suchbewegungen nach Orientierung, Dissense und bis in die politischen Auseinandersetzungen reichenden Konflikte, in denen ethische Gesichtspunkte und Bewertungen eine wichtige Rolle spielten, außer Wirtschaft, Produktion und Klimagerechtigkeit die Bereiche Information und Umgang mit Daten und sozialen Medien vor allem viele neue Optionen der angewandten Biomedizin sowie die Erweiterung der persönlichen Gestaltungsmöglichkeiten von Leben und Beziehungen im Gefolge einer weltweit im Gang befindlichen Dynamik der Entdiskriminierung. Voraussetzung und Grundlage dieser neuen und vervielfachten Optionalität ist eine beträchtliche, ja explosionsartige Zunahme des Wissens über das Leben und dessen Anwendbarkeit über die gewachsenen Sprachräume, kulturellen Einflusssphären und nationalen Institutionen hinweg.

Menge und Wucht der neu entstandenen Fragen überschreiten und überfordern Ethiken in Gestalt von autoritativer Weisung und tradierten Lehren, lassen aber gleichwohl die Fragen nach Orientierung und nach Kriterien der Verantwortbarkeit (auch unter Bedingungen von

Risiko und Unsicherheit) dringlich erscheinen. Da solche Fragen und Kriterien aber nicht global und abseits der existierenden Denkräume, kulturellen Traditionen und nationalen Rechtssysteme herausgefunden und aufeinander abgestimmt werden können, ist eine Annäherung der gegensätzlichen Standpunkte nur durch Überschreitung der bestehenden Denk- und Argumentationskulturen und mittels ihrer gegenseitigen Öffnung und Vergleichung sowie durch das Bemühen um Verständigung möglich.

Fragen der Biomedizin, die häufig auch unter den nicht ganz synonymen Bezeichnungen »Medizinische Ethik«, »Forschungsethik« oder »Bioethik« verhandelt werden, auf der einen Seite und Probleme der Persönlichkeits- und Beziehungsethik, in der katholischen Tradition meist »Sexualethik« genannt, sind auch die Schwerpunkte der sechzehn Interviews des nachfolgenden Kapitels. Sie sind im Zuge und neben eigenen umfangreicheren systematischen Arbeiten des Verfassers zu den darin behandelten Themen entstanden. Interviewer und Interviewter wussten sich hierbei verortet im Reflexionsraum der christlichen Kirchen, näherhin der katholischen. Dieser ist geprägt von überlieferten Vorstellungen, aber zugleich konfrontiert mit Fragen, die in der heutigen Gesellschaft gestellt werden und sich aus den angesammelten Bestand von überlieferten Antworten nicht als gegenstandslos oder schon befriedigend beantwortet erweisen. Insofern sind die gestellten Fragen Anstoß und Herausforderung zum Weiter- und Neudenken.

Gerade am Beispiel der Biotechnologie wird aber deutlich, dass es bei dieser Aufgabe nicht nur um die Bewertung der neuen Machbarkeiten geht, sondern darin auch um eine neue Vergewisserung über die menschliche Person, ihre konstitutionelle Verletzbarkeit und ihre Würde, um Zukunftshoffnungen auf Heilung von Krankheiten, denen die Menschen bisher weitgehend ausgeliefert waren, um die Überwindung von scheinbar naturgegebenen Grenzen und das Hinausschieben des Alterns, um die Steigerbarkeit der Leistungskraft des Menschen, um die Steuerbarkeit der Vorgänge der Entstehung und des Sterbens, aber auch um die Gestaltung und Strukturierung des gesellschaftlichen Lebens und um die Bedingungen des Zusammenlebens-Könnens in der Zukunft.

Dass es bei diesem Suchen gelegentlich auch zu unterschiedlichen und manchmal auch gegensätzlichen Einschätzungen kommen kann, gehört zu den Risiken einer offenen Kommunikation und auch zur

Authentizität des Denkens, die sich der Wissenschaftler, auch der theologische, nicht verbieten lassen darf.

Was vermögen Interviews unter den angedeuteten, insgesamt doch eher bescheidenen Bedingungen überhaupt zu bewirken? Zwei extremen Antwort-Möglichkeiten soll von vornherein ausdrücklich widersprochen werden: nämlich zum einen, dass Interviews lediglich dekorative Begleiterscheinung sein können und zum anderen, dass sie gleichsam als Transportbänder begriffen werden, die die Ergebnisse vorausgehender gründlicherer Überlegungen in mundgerechten Portionen einer breiteren Leserschaft anbieten, um bei ihr Zustimmung oder wenigstens Akzeptanz zu erzeugen. Beides wäre zu wenig. Interviews über ethische Gegenstände und Probleme beanspruchen, eine eigene Gattung der Kommunikation über ethische Gedanken und Argumente sein zu können. Und sie möchten durchaus das eigene Denken des Lesers bzw. Hörers anstoßen und Überzeugungen generieren oder modifizieren. Die Chancen solcher Interviews beschränken sich gerade nicht darauf, auf Nachfragen vorgedachte Auskünfte wiederzugeben, sondern enthalten von vornherein die Möglichkeit, einzelne Gründe und Gesichtspunkte näher zu beleuchten und zu akzentuieren. Interviews nehmen ja, wie gesagt, Bezug auf existente Debatten. Dabei können sie konnotieren und kritisieren, dürfen aber auch gezielt irritieren und auch einen »Rest« stehen lassen. Sie dürfen einordnen und einschätzen, aber auch ins Erläutern und Erklären hinüberwechseln. Sie müssen weder vollständig noch abgerundet sein, dürfen sich mit der Andeutung eines Beispiels zufriedengeben und Gedanken oder Vorschläge dem Weiterdenken des Lesers/Hörers überlassen. Sie können, ohne dass dies ein Bruch sein müsste, sowohl Züge eines konkreten Falls beschreiben wie auf ein geltendes Prinzip hinweisen und auch die Besonderheit von Umständen herausstellen.

Der Mehrwert, den die Gattung Interview im Vergleich zu einer wissenschaftlichen Abhandlung und zur ermahnenden Rede und auffordernder Moralpredigt auszeichnet, ergibt sich aus seiner Grundstruktur: Die ist das Gespräch, das durch konkrete und zugleich echt gemeinte Fragen initiiert wird. Ein Gespräch bleibt auch nur Gespräch, wenn die Antworten auf die Fragen vergleichsweise kurz und bündig sind. Und wenn diese ohne Rückgriff auf die Darlegung und Rechtfertigung durch eine anspruchsvolle Theorie verstanden werden können. Erkenntnistheoretische Erörterungen und methodologische

Diskussionen sind unerlässlich, wenn es um die Rechtfertigung eines angemessenen Ethik-Ansatzes geht, sind aber in einem Interview fehl am Platz.

Als Formen der Kommunikation über ethische Sujets geben Interviews aber zugleich der Überzeugung Ausdruck, dass ihre Autoren der gesellschaftlichen und wissenschaftlich-technischen Entwicklung nicht einfach ihren Lauf lassen wollen, sondern überzeugt sind, dass diese Entwicklung gestaltet werden kann, und zwar weder nur pragmatisch noch bloß nach subjektivem Gutdünken, sondern prinzipienbezogen und kommunikativ und damit verbunden mit der Hoffnung bzw. Vision, dass andere angesprochen und überzeugt werden können. Interviews sind also selbst Ausdruck und Praxis der Auffassung, dass vernünftige Überlegungen und begründete Stellungnahmen, auch wenn sie dem Selberdenken entstammen, mitgeteilt und von anderen angeeignet werden können. Vom Leser oder Hörer geprüft, können sie selbst wieder Einsichten generieren.

Interviews

1. Organtransplantation

Die Schweiz steht vor einer neuen Ausgangslage: Bis vor kurzem galt für das Organtransplantationswesen die Zustimmungslösung, während die Widerspruchslösung als nicht mehrheitsfähig angesehen wurde. Am 20. September 2021 hat der Ständerat aber für letztere gestimmt. Nun könnte man theoretisch jedem und jeder nach dem Tod Organe entnehmen. Es wird überlegt, ob das Volk befragt werden soll.

Nach der vorgesehenen Widerspruchslösung braucht es die explizite Erklärung einer Person zu Lebzeiten, wenn ihr nach dem Tod kein Organ entnommen werden soll. Im Normalfall soll man also ein Organ entnehmen können. Das heißt: Jeder Bürger und jede Bürgerin ist potentieller Spender bzw. Spenderin, es sei denn, er oder sie hat vorweg Widerspruch eingelegt.

Im Jahre 2010 hat Frank-Walter Steinmeier, der derzeitige deutsche Bundespräsident, seiner Frau eine Niere gespendet. Er war damals noch nicht Bundespräsident, aber Minister und Chef der SPD. Sowohl die Entnahme seiner Niere wie die Implantation der Niere bei seiner kranken Frau sind geglückt. Was sagen Sie zu dieser «Lebendnierenspende»?

Das ist doch unzweifelhaft eine wunderbare Geste der Liebe gegenüber seiner Frau, die auf diese Weise viele Lebensjahre und eine bessere Lebensqualität geschenkt bekommen hat. Zugleich ist solches Handeln einer prominenten Persönlichkeit ein Vorbild, wie weit das Einstehen für die Partnerin, der man einmal versprochen hat, auch in belastenden Zeiten zu ihr zu halten, gehen kann.

Was verändert sich bei einer Nierenspende nach dem Tod?

Medizinisch ist die Spende von einem gesunden Lebenden an einen anderen Lebenden mit kranker Niere der Transplantation einer Niere von einem Gestorbenen vorzuziehen. Aber die Übertragung einer Lebendspende ist ja nur aussichtsreich, wenn die Voraussetzungen beim konkreten Empfänger medizinisch «passen». Und natürlich muss es überhaupt erst eine Person geben, die sich aus freien Stücken bereit erklärt, ein gesundes Organ «abzugeben» und das aus dem Verzicht erwachsende Risiko auf sich zu nehmen; die Spende ist ja irreversibel.

Bei einer Lebendspende hat man normalerweise eine ganz konkrete Person im Blick, die ein neues Organ braucht, um weiterleben zu können. Bei einer Totenspende, wie sie demnächst durch die eventuelle Einführung der Widerspruchslösung in der Schweiz erleichtert und gefördert werden soll, wird hingegen das Einverständnis mit der Entnahme eines oder mehrerer Organe für den Fall des unwiderruflich eingetretenen und überprüften Todes des Gehirns generell vorausgesetzt. Auch da soll Freiwilligkeit eine Rolle spielen, aber eben in der negativen Weise, dass kein Widerspruch erhoben wurde. Mit anderen Worten wird das Fehlen eines ausdrücklichen Widerspruchs als bewusster Verzicht auf den (gesetzlich garantierten) Einspruch interpretiert. Ein weiterer wichtiger Unterschied zur Lebendspende besteht darin, dass hier nicht festgelegt werden kann, wem das gespendete bzw. zur Explantierung vorgesehene Organ zugutekommen soll. Insofern ist die Totenspende anonym.

Kann man eine Nierentransplantation als «geringfügig» betrachten, weil der Mensch zwei Nieren hat und mit einer weiterleben und funktionieren kann?
Genügt bei einer Person, die zwei kaputte Nieren hat, eine gesunde?

Richtig ist, dass Lebendtransplantationen mit Ausnahme der Leber nur bei paarig vorhandenen Organen in Frage kommen. Die Qualifizierung «geringfügig» würde ich in diesem Zusammenhang trotzdem aus dem Spiel lassen, auch wenn sie nur vergleichsweise gemeint ist. Denn Transplantationen sind in jedem Fall medizinisch höchst anspruchsvolle Eingriffe, schon deshalb, weil sie mit invasiven Operationen verknüpft sind. Dazu kommt, dass sie zeitgleich zwei Patienten betreffen, deren körperliche Funktionen und seelische Befindlichkeiten aufeinander abgestimmt sein müssen. Da geht es eben nie nur um die «Reparatur» eines physiologischen «Defekts», sondern immer auch um eine schwerkranke Person und eine weitere, die ihr helfen möchte und dafür ein beträchtliches Risiko in Kauf zu nehmen bereit ist. Man kann sich leicht vorstellen, dass solche Eingriffe bzw. Bereitschaften vor und besonders nach dem Eingriff viele Gedanken, Gefühle (Angst, Dankbarkeit) und Befürchtungen (Abhängigkeit, Schuld) auslösen können. Auch diese Vor- und Nachgeschichte muss bearbeitet und «bewältigt» werden.

Schwierig ist eine Leberspende. Es sei aber möglich, einen Teil einer Leber zu transplantieren und mit dem anderen Teil weiterzuleben.

Das hört man so von medizinischer Seite. Gleichwohl handelt es sich auch dann um einen hochkomplizierten Eingriff für beide, für den Spender wie für den Empfänger. Für beide gibt es ja keine Garantie, dass die Transplantation dauerhaft erfolgreich ist. Und von beiden wird vor und nach der Operation eine disziplinierte, auf den Eingriff abgestimmte Lebensführung verlangt.

Organtransplantationen sind vor allem für jüngere Personen angezeigt, die infolge eines Unfalls ein Organ verloren haben oder denen von Geburt an eines fehlt. Was soll man machen, wenn es zu einer Triage kommen sollte, wie es jetzt in einem überfüllten Krankenhaus kommen kann, wenn noch weitere Covid 19 Patienten eine intensivmedizinische Massnahme benötigen sollten?

Ich glaube nicht, dass das vergleichbare Situationen sind. Denn Covid 19 ist die Folge einer pandemischen Dynamik, die unterschiedslos alle bedroht und jederzeit «zuschlagen» kann. Organversagen und -schwächen treten hingegen als Einzelfälle auf und werden meistens schon seit langem, um nicht zu sagen: seit Jahren medizinisch behandelt. Engpässe können natürlich auch hier vorkommen, etwa weil infolge eines Unfalls jetzt gerade und unvorhergesehen Organe eines Gestorbenen zur Verfügung stehen, die nicht beliebig lang «frisch» erhalten werden können. Für solche Notfälle gibt es aber längst ein dichtes internationales Logistik-Netzwerk, das erlaubt, innerhalb kürzester Zeit in eine benachbarte Klinik auszuweichen und frühzeitig die notwendigen Vorbereitungen einzuleiten.

Es gibt auch Teilorgantransplantationen von Tierorganen auf Menschen, z. B. eine Herzklappe eines Tieres wird einem Menschen eingepflanzt. Wie ist das oder ähnliche Verpflanzungen zu beurteilen? Wird der Mensch nicht zu einem Patienten für das Ersatzteillager und geschieht damit nicht eine Entwürdigung des Menschen?

Pauschal wird man hier nicht von einer «Entwürdigung des Menschen» sprechen dürfen. Denn es geht ja in all solchen Fällen um die Rettung von massiv bedrohtem Menschenleben. Und: Wir empfinden es ja auch nicht als Entwürdigung, wenn unsere im Lauf der Jahrzehnte verschlissenen Gelenke bzw. Knochen durch Metall- oder

Porzellan-Prothesen ersetzt werden. Auch bleiben die Maßnahmen, die im Zusammenhang mit Organtransplantationen vorgenommen werden, trotz aller medizinischen und psychischen Komplexität substitutiv, das meint: unterstützend, eine natürliche Funktion ersetzend und nicht uns in unserer Konstitution verändernd. Von Entwürdigung sollten wir erst reden, wenn der freie Wille und das Bewusstsein von Patienten durch Manipulationen von außen außer Kraft gesetzt oder beeinflusst würden.

In der Schweiz werden in Bern, Lausanne und in Zürich Herztransplantationen durchgeführt. Zahlreiche schwerkranke Personen warten auf eine Spende.

Das zeigt das eigentliche Problem, das der jüngsten Initiative zur Einführung der Widerspruchslösung zugrunde liegt: Es gibt bei den für eine Transplantation geeigneten Organen – wenn man es ökonomisch ausdrückt – ein gravierendes Missverhältnis zwischen Nachfrage und Angebot. Viele schwerkranke Menschen, die sterben, könnten gerettet werden und viele wenigstens eine bessere Lebensqualität bekommen, wenn der Medizin mehr Organe und Gewebe von Menschen zur Verfügung stünden. Politik und Staat möchten oder müssen sogar, um nicht den Vorwurf der unterlassenen Hilfeleistung auf sich zu ziehen, Wege finden, das Aufkommen an transplantierbaren Organen zu steigern. Das soll aber nicht durch finanzielle Anreize oder durch das Überlassen an die Gesetze des freien Markts bewirkt werden. Das Einladen und der Appell zur freiwilligen Spende in Gestalt der bisherigen Zustimmungslösung hat den gewünschten Effekt nicht erbracht. Und so schauen die Verantwortlichen, wie andere Länder die Aufgabe lösen, zu mehr transplantierbaren Organen zu kommen. Da bietet sich die Idee an, in den Bürgern und Bürgerinnen, die Organtransplantation grundsätzlich für eine legitime und begrüßenswerte Form der Medizin halten, aber sich selbst noch nie ernsthaft der Frage gestellt haben, ob sie nicht nach ihrem Tod selber Organe zur Verfügung stellen könnten oder sogar sollten, eine unausgeschöpfte Ressource zu sehen. Die vorgeschlagene Widerspruchslösung könnte ein aussichtsreicher Weg dazu sein. Das beweist der Blick ins Ausland (Spanien, Österreich u.a.)

Ein Grundproblem ist die Undeutlichkeit des Hirntodes. Man kann hirntot sein, während der Kreislauf noch im Gang ist.

Undeutlich ist der Hirntod aber nur für die nichtmedizinischen Laien. Und das, weil er sich eben nicht mit den üblichen Todeszeichen wie Kälte, Leichenstarre und Leichenflecken manifestiert. Spezialisierte Ärzte hingegen können mit weltweit standardisierten Untersuchungsmethoden sicher feststellen, ob der Hirntod bei jemandem eingetreten ist oder nicht. Ganz genau genommen ist der Hirntod ja «nur» ein Anzeichen dafür, dass der Tod eines Menschen eingetreten ist, genauso übrigens, wie auch der Stillstand von Herz und Kreislauf, der in unserer kulturellen Tradition als entscheidendes Merkmal des Tot-Seins gilt, streng genommen nur ein physiologisches Anzeichen dafür ist, dass jemand tatsächlich gestorben ist. Bei allen Debatten, die es in den letzten fünfzig Jahren über den Hirntod als Kriterium reichlich gegeben hat, ist unbestritten geblieben, dass beim Hirntod der Ausfall des Gehirns unumkehrbar ist (also durch keinerlei Maßnahme rückgängig gemacht werden kann). Und: dass der Körper eines Hirntoten nach dem Abschalten der maschinellen Unterstützung die Vitalfunktionen nicht aus eigener Kraft aufrechterhalten kann.

Persönlich ist es schwer vorstellbar, dass unmittelbar nach dem Tod an meinen Leib Hand angelegt wird und Organe entnommen werden.

Das ist sicher eine verstörende Vorstellung – für einen selbst, aber besonders für die Angehörigen eines Sterbenden bzw. gerade Verstorbenen. Aber zum einen machen wir uns vielfach idealisierte und insofern auch falsche Vorstellungen davon, wie in unserer Gesellschaft tatsächlich oft gestorben wird; das ist alles andere als eine heile Welt, jedenfalls in sehr, sehr vielen Fällen. Zum anderen muss man sich auch vor Augen halten, dass eine postmortale Organexplantation nur dort in Frage kommt, wo eine Lage eingetreten ist, in der ein Hirntod vermutet und diagnostiziert wird. Und schließlich sind viele der Kliniken, die Transplantationen durchführen können, heute darauf eingerichtet, dass eine würdige und einfühlsame Verabschiedung möglich ist, wenn eine Explantation vorgenommen wurde. Es ist also nicht so, wie manche befürchten, dass nämlich bei häufigerer Explantation ein fabrikmäßiger Umgang mit Teilen von Menschen und eine kalte Bewirtschaftungsmentalität, die einen um das Abschiednehmen brächte, Einzug halten müssten.

Die Fragen wurden von Stephan Leimgruber gestellt. Das Interview erschien in: Der Sonntag Heft 47 vom 25.11.2021, S. 22–23.

* Für eine vertiefte Auseinandersetzung mit der Thematik s. auch den von mir zusammen mit Jochen Sautermeister herausgegebenen Diskussionsband Organspende – Herausforderung für den Lebensschutz, Freiburg i. Br. 2015.

2. Hirntod-Kriterium

In jüngerer Zeit wenden sich christliche »Lebensschützer« verstärkt und kategorisch gegen postmortale Organspenden. Diese verstießen gegen das fünfte Gebot und seien mit der katholischen Lehre unvereinbar. Das führt zu spürbarer Verunsicherung bei vielen Gläubigen.

Erfüllt das derzeit geltende Hirntodkriterium aus Ihrer Sicht als Moraltheologe die Bedingung der »moralischen Gewissheit« als ethische Grundlage für die Feststellung des Todes eines Menschen?

Der Hirntod ist ein medizinisches Kriterium dafür, dass das Leben der betreffenden Person zu Ende gekommen ist. Mit dem Totalausfall des Gehirns ist zum einen definitiv keine Umkehr zum Leben mehr möglich; und zum anderen ist die organische Grundlage für die Integration und Koordination der vitalen Vorgänge und Körperfunktionen komplett ausgefallen.

Was der Tod in sich ist und wie sein Eintreten für den Einzelnen existentiell »abläuft«, entzieht sich unserem Wissen. Was wir von außen beobachten, anhand medizinischer Kriterien feststellen und als Eingetreten-Sein des Todes verstehen, sind immer nur physiologische Veränderungen und Phänomene. Das war auch beim Herzkreislauftod so; und deshalb ist der Hirntod keine ganz neue Todesdefinition, sondern lediglich ein aufgrund des gewachsenen medizinischen Wissens verfeinertes Kriterium, um das unwiderrufliche Eingetreten-Sein des Todes festzustellen. Als Theologen haben wir keine eigene Kompetenz, die Richtigkeit dieses Kriteriums und seiner anthropologischen Bedeutung in Zweifel zu ziehen. Aber wohl haben wir die Aufgabe, den gefühlten Abstand zwischen dieser noch jungen medizinischen Sicht und den kulturell stark verankerten Vorstellungen von Sterben und Tod zu überbrücken.

Was bedeutet aus Ihrer Sicht der Begriff »Tod« im Zusammenhang mit dem Ende menschlichen Lebens?

Der Tod wird in der allgemeinen Vorstellung als Zäsur gedacht, die man exakt bis auf die Sekunde datieren kann. Tatsächlich liegt zwischen dem Ausfall des ersten Organsystems und dem Ausfall des letzten und gar dem Tod des letzten Zellverbands eine zeitliche Spanne. Das Irritierende beim Hirntod ist, dass auch, nachdem sein Eintritt festgestellt ist, noch Teile der Vitalfunktionen – etwa Reflexe – auftreten können und dass der Kreislauf durch Maschinen aufrechterhalten werden kann, so dass einige der üblichen Todeszeichen, etwa das Fahlwerden der Haut, erst einmal ausbleiben. Der äußere Anschein, an dem wir in unserer Kultur das Totsein festzumachen gewohnt sind, deckt sich in diesem Fall nicht mit dem Kriterium, anhand dessen die Ärzte den Tod festgestellt haben. Und die Möglichkeiten der modernen Intensivmedizin erlauben, wie gesagt, Teilfunktionen des Körpers trotz des eingetretenen Tods mit aufwändigen Maßnahmen aufrechtzuerhalten, die ohne diese Maßnahmen sofort kollabieren würden.

Der Begriff Tod, wie er in der Theologie und Ethik eine Rolle spielt, meint das definitive Ende des Lebens als leiblich-seelischer Einheit, nicht den punktuellen Augenblick, wo der letzte Zellverband zur Auflösung gekommen ist. Genau genommen beansprucht ja auch die Medizin nicht, dass der Hirntod das Ende des menschlichen Lebens ausmacht, sondern dessen Feststellung gilt lediglich als untrügliches Zeichen, dass der Tod dieses Menschen eingetreten ist. Der hirntote Patient wird also genau genommen nicht für tot erklärt, sondern er wird daraufhin untersucht, dass er tot ist. Der exakte Zeitpunkt, zu dem der Tod eingetreten ist, kann hierbei nicht festgestellt werden.

Gibt es also ein begriffliches Ergänzungspaar »Tod/Sterben«? Sind Hirntote »Tote« oder »Sterbende« – oder sogar beides?

Hirntote sind in diesem Sinn zweifelsfrei Tote. Aber das ist verständlicherweise für jeden, der solche Situationen noch nie kennen gelernt hat, mit Irritationen verbunden. Irritierend ist näherhin der Umstand, dass Teile des Gestorbenen – Organe, Funktionen, in einem berühmt gewordenen Fall sogar eine Schwangerschaft – noch eine Zeitlang aufrechterhalten werden können. Aber das ist nur mit größtem Einsatz von außen möglich, und das auch nur für eine begrenzte Dauer. Von sich aus, also ohne solche massive Intervention durch die Intensivmedizin, wären diese Teilfunktionen längst ausgefallen oder würden innerhalb kürzester Zeit zusammenbrechen.

Ist es denn moralisch zu rechtfertigen, wenn der Sterbeprozess die Feststellung des Todes überdauert (was ja faktisch bei jeder postmortalen

Organspende der Fall ist und sein muss, da sonst keine Organe unbeschädigt blieben)?

Man sollte hier begrifflich und anthropologisch genau sprechen: Es geht weder aus ärztlicher Intention noch objektiv von der Sache her um eine Verlängerung des Sterbeprozesses über die Feststellung des Todes hinaus, sondern es geht um die bestmögliche Versorgung jener Organe, die ein Toter hinterlassen hat und die ohne solche Versorgung für eine lebensrettende Transplantation nicht mehr geeignet wären. Wenn die Voraussetzungen dafür – insbesondere die Freiwilligkeit – gegeben sind und der hirntote Spender mit der jedem Gestorbenen zustehenden Würde behandelt wird, ist das – auch nach kirchlicher Auffassung und nach der übereinstimmenden Auffassung der heutigen Moraltheologen – moralisch gerechtfertigt.

Wenn also Hirntote »sterbende Menschen« sind, inwieweit sehen Sie das fünfte Gebot berührt? Anders gefragt: Reicht die Hirntod-Diagnose, um das gegebenenfalls weitere/endgültige Sterben des Organspenders ethisch gegenüber dem fünften Gebot »freizusprechen« (Stichwort »objektive Wahrheit« bei Gewissensentscheidung)?

Das fünfte Gebot wird durch die Explantation nicht verletzt. Verletzt würde es nur dann, wenn jemand, der noch leben könnte, euthanasiert würde, um möglichst rasch an seine Organe zu kommen. Oder wenn jemand in seiner Krankheit nicht die medizinischen Maßnahmen bekäme, die möglich wären, um sein Leben zu retten, aus dem alleinigen Grund, durch die optimale Behandlung nicht einen geeigneten Spender zu verlieren. Um bereits jeden Verdacht nach dieser Richtung auszuschließen, schreibt das Transplantationsgesetz vor, dass zwei Ärzte, die weder an der Entnahme noch an der Übertragung beteiligt sind, unabhängig voneinander den Hirntod diagnostiziert haben müssen. Das Verfahren selbst ist aufwändig und umfasst viele Schritte. Außerdem muss die ganze Befunderhebung dokumentiert werden. In Ärztekreisen gilt die Diagnose Hirntod als eine der sichersten.

Wie interpretieren Sie selbst Johannes 15,13 (»Niemand hat größere Liebe als die, dass er sein Leben lässt für seine Freunde«)?

Diese Aussage ist in sich klar; aber sie ist bei aller Klarheit sehr anspruchsvoll: Die Riskierung des eigenen Lebens – normalerweise das höchste Gut, das wir als Menschen haben und um das wir, wenn es angegriffen wird, sehr besorgt sind – kann nicht nur eine Form von Leichtsinn und Tollkühnheit sein (etwa bei bestimmten Sportarten oder beim zu schnellen Fahren), sondern eben auch eine Form der Hingabe und der Liebe anderer.

Freilich gibt es in der Vielfalt des Lebens auch zahlreiche Gestalten, wie diese Liebe konkret realisiert werden kann. Die Bereitschaft zur Organspende für andere, die in großer gesundheitlicher Not sind, ist *eine* Form, diese Einladung Jesu umzusetzen; aber nur eine exemplarische Gestalt unter anderen möglichen und nicht die eine verpflichtende, die man aus dem Prinzip der Nächstenliebe zwingend ableiten könnte. Und genau dahingehend haben sich ja auch hohe Repräsentanten der Kirche wiederholt geäußert.

Wie bewerten Sie als Moraltheologe die Aussage von Altbischof Fabian Bruskewitz (Lincoln, USA): »So viel ich weiß…hat kein angesehener, ausgebildeter und akzeptierter katholischer Moraltheologe je gesagt, dass die Worte JESU bezüglich der Hingabe des eigenen Lebens für seine Freunde (Joh 15,13) ein Befehl sei oder gar eine Erlaubnis zu einer selbstmörderischen Zustimmung zur Wohltat, das irdische Leben eines anderen zu verlängern«? (zitiert in einem Essay zu einer Tagung der Päpstlichen Akademie der Wissenschaften, Februar 2005)

Diese Aussage enthält natürlich viel Zutreffendes und Selbstverständliches. Aber sie ist in der Weise, wie Sie sie wiedergegeben haben, zugleich sehr suggestiv. Denn sie unterstellt im Zusammenhang der Diskussion über die Organspende unausgesprochen, dass der Spender nicht ein Toter ist. Jeder angesehene, ausgebildete und akzeptierte katholische Moraltheologe wird aber wenigstens fairerweise zwischen Selbstmord und Organspende unterscheiden, und zwar strikt. Und ein Erzbischof sollte auch wissen, dass Papst Johannes Paul II. in der gewichtigen Enzyklika *Evangelium vitae* von 1993 die Organspende als einen Akt der Großherzigkeit und der Solidarität gewürdigt hat. Auch der Katechismus bezeichnet sie in seiner 2003 approbierten Ausgabe als »edle und verdienstvolle Tat«, die als Ausdruck großherziger Solidarität gefördert werden solle.

Nebenbei möchte ich nur erwähnen, dass die Tradition nicht jede ernsthafte Selbstgefährdung kategorisch als Frevel verurteilt hat, sondern durchaus das moralisch geschätzte Selbstopfer kennt, z.B. wenn jemand als Pilot oder als Soldat oder als Feuerwehrmann wissend sein Leben riskiert, um anderen – hilflosen Anvertrauten, Kameraden, Kindern – das Leben zu retten.

Wie beurteilen Sie das verstärkte Auftreten von Strömungen hin zu einem »kategorischen Lebensschutz« (Organspende = Mord)?

Niemand ist moralisch oder auch rechtlich verpflichtet, der Entnahme seiner Organe nach dem Hirntod zuzustimmen. Aber die, die das nicht tun wollen oder können, haben kein moralisches Recht, diejenigen, die dazu bereit sind, als Selbstmörder bzw. die Ärzte als Mörder zu diskreditieren. Ich möchte nicht pauschal bestreiten, dass die von Ihnen erwähnten lebensschützerischen Strömungen und Kreise auch von einem echten moralischen Anliegen bewegt sind und eine Verpflichtung in sich spüren, lebensfeindlichen Tendenzen in der Gesellschaft entgegenzutreten. Aber jeder, der sich hier engagiert, sollte sich auch ehrlich prüfen, ob nicht auch Ängste im Spiel sind und die Neigung, komplizierte und herausfordernde Fragen so zu vereinfachen, dass man sich selbst die Auseinandersetzung damit ersparen kann.

Warum äußerte sich Papst Benedikt XVI. nicht eindeutiger zum Thema Organspende? Rückt die Kurie, der Papst ab vom Hirntodkriterium (immerhin war Benedikt XVI. mindestens bis zu seiner Wahl zum Papst im Besitz eines gültigen Organspendeausweises)?

Ich finde es gut, dass sich Papst Benedikt zum Hirntodkriterium zurückgehalten hat. Denn das ist nach meiner Einschätzung gar keine Frage, die die Theologie aus ihrer genuinen Kompetenz entscheiden könnte, sondern eine komplizierte Angelegenheit, in der die Theologie auf die anthropologische Deutung medizinisch aufgeklärter physiologischer Vorgänge angewiesen und so von anderen Wissensgebieten abhängig ist. Unbeschadet hiervon bleiben aber die Aussagen zur Organspende bestehen, die in den zwei letzten Jahrzehnten verlautbart wurden. Ein offizielles Abrücken vom Hirntodkriterium kann ich nicht erkennen, auch wenn das von bestimmter Seite häufig behauptet wird.

Im Übrigen wäre nicht einmal mit einem solchen Abrücken die Organspende katholischerseits zwangsläufig erledigt. Denn es gibt ja neben der postmortalen Spende noch die Lebendspende; und die spielt faktisch eine stark zunehmende Rolle. Kann im Ernst jemand wünschen, dass die Kirche (und mit welchem Recht eigentlich?) verbietet, dass ein Vater seiner Tochter oder eine Frau ihrem Mann ein Organ bzw. Gewebe spendet, um deren Leben vor einem allzu frühen Tod oder der jahrelangen Abhängigkeit von Maschinen zu retten, wenn dieses möglich ist? Überhaupt sollte bei der gesamten Diskussion der Patient bzw. die Patientin nicht aus dem Blick geraten, der bzw. die einer Transplantation bedarf und unter Umständen jahrelang auf sie gewartet hat – mit allen Konsequenzen für sein bzw. ihr privates, familiäres und gegebenenfalls berufliches Umfeld.

Das Interview wurde mit Wolfgang Terhörst geführt und erschien in: Altöttinger Liebfrauenbote Nr. 11 vom 11.03.2012, S. 7f.

Zu 1. und 2.: Kontext und Verlauf der Debatte

Mithilfe einer Transplantation sollen kranke Organe ersetzt und dadurch Leben gerettet oder die Lebensqualität von Patienten, bei denen die Behandlung äußerst belastend ist (z. B. die wöchentliche Dialyse), spürbar verbessert werden.

Seit die Medizin auf diesem Gebiet immer mehr Erfolge vorweisen kann, ist die Organtransplantation zu einer Option der Hochleistungsmedizin geworden. Während bei der Lebendspende ein paarig vorhandenes Organ oder ein Teil eines Organs der spendenden Person entnommen und auf eine andere, sozial mit ihr verbundene Person übertragen wird, findet die postmortale Organtransplantation erst nach dem Tod der spendenden Person statt und die Zuteilung des erhaltenen Organs (bzw. der gewonnenen Organe, wenn mehrere gespendet wurden) erfolgt im Rahmen von institutionalisierten Entscheidungsprozessen.

Die meisten Staaten haben sich bemüht, den Handlungsrahmen für beide Arten von Transplantation gesetzlich genau festzulegen. Dabei geht es zentral um die Sicherung der Freiwilligkeit der Spende, um die Präzisierung des eingetretenen Todes als Voraussetzung und Zeitpunkt, ab dem eine Entnahme zulässig ist, und um die Vermeidung der Entstehung eines freien Marktes, auf dem Organe angeboten und gekauft werden können; schließlich auch darum, wie das Aufkommen an Organen, die lebensrettend sind, gefördert werden kann; denn bislang steht die Zahl von benötigten Organen in einem krassen Missverhältnis zur Menge der tatsächlich gespendeten und damit verfügbaren.

Freilich unterscheidet sich dabei das Aufkommen von Ländern mit einer sog. Widerspruchslösung signifikant vom solchen mit einer sog. Zustimmungs- bzw. Erklärungslösung. Diese Tatsache war Anlass für politische Initiativen, das System des Nachweises der Freiwilligkeit zu wechseln. In der Schweiz führten diese Initiativen 2022 in einer Volksabstimmung zum Erfolg, während sie in Deutschland 2020 mehrheitlich vom Parlament abgelehnt wurden.

Neben dieser Debatte hat auch noch eine andere Fahrt aufgenommen, die sich um die Bedeutung des sog. Hirntods dreht. Dessen Feststellung ist nämlich in den meisten Transplantationsgesetzen die Voraussetzung für die Entnahme eines oder mehrerer lebenswichtiger Organe. Der Anstoß zu dieser Diskussion kam vor allem von Neurologen und Biomedizinern, deren Argumente sich pro-Life-Kreise weltweit zu eigen gemacht und vereindeutigt haben. Ihre Einwände nötigen aber auf jeden Fall zu einem genaueren Sprechen über den Todeseintritt und über die anthropologische Bedeutung des Gehirns und seines Ausfalls.

3. Stammzellforschung

Mit Hilfe der Forschung an embryonalen Stammzellen versucht die Wissenschaft Behandlungsverfahren für bislang unheilbare Krankheiten zu entwickeln. Allerdings bedeutet die »Herstellung« von embryonalen Stammzellen, dass Zellen aus einer befruchteten Eizelle entnommen worden sind. Dabei stirbt der Embryo. Das Stammzellgesetz vom Juli 2002 erlaubt die Forschung mit embryonalen Stammzellen unter bestimmten Voraussetzungen.

Nach Inkrafttreten des Stammzellgesetzes im Juli 2002 hat die Bundesregierung die Zentrale Ethik-Kommission für Stammzellenforschung berufen. Welche Aufgabe hat sie?

Die Kommission ist interdisziplinär mit neun Sachverständigen zu besetzen. Vier von ihnen sollen aus den Fachrichtungen Ethik und Theologie und fünf aus den Fachrichtungen Biologie und Medizin kommen. Ihre Aufgabe ist es, Anträge für Forschungsvorhaben an und mit menschlichen embryonalen Stammzellen daraufhin zu überprüfen, ob sie die Anforderung erfüllen, ethisch vertretbar zu sein – im Sinne des Gesetzes natürlich.

Bei der Entnahme der Stammzellen stirbt der ca. fünf Tage alte Embryo. Ist das aus moraltheologischer bzw. ethischer Sicht zu vertreten?

Die ethische Vertretbarkeit hängt natürlich in erster Linie davon ab, welchen Status man dem Embryo in dieser Frühphase zuerkennt. In dieser zentralen Frage gehen die Meinungen in der Gesellschaft auseinander. Eine Rolle spielt freilich auch, ob der Embryo überhaupt eine Chance hat, in eine Mutter transferiert zu werden, um in ihr dann zu einem Menschen heranzuwachsen. Übereinstimmung besteht immerhin darin, dass Embryonen im Hinblick auf die in ihnen liegende Möglichkeit, sich zu einem Menschen zu entwickeln, besonderen Schutz verdienen. Das vom Bundestag im Juni 2002 beschlossene Gesetz verfolgt gerade das Ziel zu verhindern, dass Embryonen zur Gewinnung der Stammzellen für die Forschung getötet werden. Deshalb macht das Gesetz die Zulässigkeit der Forschung an embryonalen Stammzellen an strengen Bedingungen fest und beschränkt sie auf Zelllinien, die vor dem Grundsatzbeschluss des Parlaments gewonnen wurden, deren Herkunftsembryonen also zum Zeitpunkt der gesetzlichen Regelung bereits getötet waren.

Wie lässt sich abwägen zwischen der Schutzbedürftigkeit frühen menschlichen Lebens und dem Anspruch kranker Menschen auf Hilfe?

Dem Anspruch kranker Menschen auf Hilfe kommt zweifellos hohes Gewicht zu. Dies nimmt zunächst einmal uns – die Gesunden und Leistungsfähigen – in die Verpflichtung zu helfen. Aber Gesundheit und Heilung sind nicht die höchsten Güter schlechthin und rechtfertigen folglich nicht den Einsatz jedes denkbaren Mittels. Embryonen von Menschen gehören ähnlich wie auch Organe von Menschen nicht zu der Klasse von »Dingen«, auf die jemand anderer irgendwie einen Anspruch haben kann. Beachtet werden muss auch, vor allem in der populären Diskussion, dass sich die Aussichten und Versprechungen neuer Therapiemöglichkeiten durch Stammzellforschung auf eine noch nicht absehbare Zukunft beziehen. Man muss hier also zumindest sehr aufpassen, dass vage Aussichten auf einen eventuellen therapeutischen Nutzen in einer fernen Zukunft nicht als Argument benutzt werden, um moralische Einwände gar nicht zuzulassen.

Liegen bereits Anträge vor?

Ja, es liegen Anträge aus der Forschung vor, und die Kommission hat auch schon einige Male getagt.

Die Fragen stellte Cornelia Kroiß. Das Interview erschien als Teil eines gemeinsamen Interviews mit Beteiligung von Professor Otmar Wiestler und Bundesministerin Edelgard Bulmahn in dem Magazin Treffpunkt Sparkasse 50 (2003), Nr. 1, S. 22–24.

* Für eine vertiefte Auseinandersetzung mit den diversen Aspekten der Problematik s. den von mir herausgegebenen Diskussionsband Forschung contra Lebensschutz? Der Streit um die Stammzellforschung, Freiburg i. Br. 2009.

Zu 3.: Kontext und Verlauf der Debatte

Seit die Bio- und Zellmedizin auch in den Molekularbereich vorgedrungen ist und zugleich in der Reproduktionsmedizin viele Hindernisse, die bisher unüberwindbar erschienen, tatsächlich überwunden werden können, sind Hoffnungen entstanden, dass sich aus der Kobinierbarkeit beider Technologien ein riesiges Potenzial von neuen Diagnosen und Therapien ergeben könnte. Das hat einerseits zu einem regelrechten Boom an entsprechenden Forschungsideen und -projekten geführt. Die wiederum haben andererseits in zahlreichen Ländern Debatten ausgelöst im vorparlamentarischen und im parlamentarischen Raum. Deren konfligierende Tendenzen wurden in Embryonenschutzgesetzen zu einem gewissen Ausgleich gebracht. Das deutsche Stammzellgesetz ist als Fortführung und Präzisierung des Embryonenschutzgesetzes konzipiert. Es verfolgt speziell die Ansicht, einen Korridor zwischen der Erhaltung des hohen Lebens- und Embryonenschutzes und dem Nicht Verboten Sein von Forschung an menschlichen Zellen, die pluripotent sind, also die Fähigkeit haben, sich in eine Vielzahl von anderen Zelltypen weiterentwickeln zu lassen (für deren Gewinnung aber menschliche Embryonen zerstört werden), zu errichten und so Forschung mit humanen embyonalen Stammzellen auch in Deutschland zu ermöglichen, die allerdings an strenge Auflagen gebunden ist. Grundsätzlich verboten bleiben dieser Regelung zufolge die Einfuhr und die Verwendung derartiger Zellen; doch werden Ausnahmen geduldet, soweit bestimmte Bedingungen, die die Herkunft und die Umstände Herstellung der Zelllinien sowie die Zielsetzung der Forschungsprojekte und die Verfahrensweise betreffen. Die entscheidenden Kriterien sind dem Gesetz zufolge die Hochrangigkeit der angezielten Forschung, die Vorgeklärtheit an tierischen Zellen sowie der Nachweis, dass sich der angestrebte Erkenntnisgewinn voraussichtlich nicht mit anderem Zellmaterial vom Menschen erreichen lässt. Das Vorliegen dieser drei Kriterien bei jedem einzelnen Forschungsprojekt zu überprüfen und zu bestätigen, dass der jeweilige Antrag »in diesem [vom Gesetz definierten] Sinne ethisch vertretbar ist«, ist die Aufgabe der im

Interview genannten unabhängigen Zentralen Ethik-Kommission für Stammzellenforschung.
Der Interviewte hat selbst während fünf Amtsperioden (eine Amtsperiode dauert drei Jahre) in dieser Kommission aktiv mitgearbeitet.
Das 2002 vom Bundestag beschlossene deutsche Stammzellgesetz ist noch immer in Geltung und der rechtliche Rahmen für die entsprechende Forschung in Deutschland. In eine sehr heftige Diskussion geriet es bisher nur einmal, als 2006 verschiedene Expertengremien, Forschungsorganisationen und auch prominente Forschende eine Verschiebung des sog. Stichtags vorschlugen, weil das Festhalten am bisherigen Stichtag ähnlich wirken würde wie ein Forschungsverbot, und auf strafrechtliche Risiken für deutsche Forscher, die an Projekten im Ausland beteiligt sind, hinwiesen. 2008 beschloss der Bundestag mit überzeugender Mehrheit entsprechende Novellierungen.

4. Suizidbeihilfe

In der Schweiz hört man in letzter Zeit vermehrt, dass Menschen, die schwer erkrankt sind, ihrem Leben selbst ein Ende setzen. Es kommt dann ein Arzt, eine Ärztin, der/die dem Patienten einen Cocktail von Medikamenten reicht, den der Patient selbst einnimmt und kurz darauf stirbt. Angehörige und ein Polizist sind dabei. Etwas später wird die Leiche im Sarg oft zum Erstaunen der Mitbewohner weggetragen.

Hier bürgert sich eine neue Praxis des Suizides ein. Wie lässt sich das beurteilen?

Es handelt sich meistens nicht um einen Suizid, wie er sonst leider geschieht. Die Menschen, die den eigenen Tod auf die geschilderte Weise herbeiführen, sind in den meisten Fällen todkrank und wissen, dass ihr Grundleiden unheilbar ist. Sie handeln auch nicht aus einem augenblicklichen Affekt heraus, sondern haben meistens vorher schon lange über ihre Situation nachgedacht und sie mit Menschen ihres Vertrauens besprochen. Sie sehen in der Lebenszeit, die ihnen bis zum sicheren Tod noch verbleiben könnte, keinen Sinn. Viele von ihnen fühlen sich aufgrund ihrer Krankheit und ihrer familiären Situation einsam. Sie wollen Angehörigen und Helfern durch ihr langes Dahinsiechen nicht »zur Last fallen«. Oder sie halten die allmähliche Verschlechterung ihres Zustands und den dadurch eintretenden Verfall ihrer Persönlichkeit für eine Bedrohung ihrer Würde und ihnen nicht zumutbar.

Ich denke, man muss zuerst diese Not vieler Sterbenskranker und sehr alt und gebrechlich Gewordener sehen und verstehen wollen, warum sie sich und anderen das »ersparen« möchten, bevor man diese Praxis kritisiert.

Mein Bruder hat erzählt, dass ihn seine alleinstehende Nachbarin darüber in Kenntnis gesetzt hat, dass sie ihr Leben beenden wird, da sie seit Längerem große Schmerzen habe und das Leben nicht mehr als lebenswert erfahre. Mein Bruder hatte eine distanzierte Beziehung zu dieser Mitbewohnerin des Wohnblocks, aber er war dann doch sehr erstaunt, als eines Abends die Verstorbene im Sarg weggetragen wurde. Ja, er war tief betroffen von diesem Vorgang und konnte es kaum glauben und eigentlich nicht verstehen. Was ist aus menschlicher Sicht dazu zu sagen?

Zunächst scheint es mir ein Akt des Vertrauens zu sein, dass die Nachbarin trotz aller Distanz ihre Absicht und auch ihre Befindlichkeit Ihrem Bruder mitgeteilt hat. Ihr Problem wird darin deutlich sichtbar: Sie hatte schon seit langem große Schmerzen und konnte ihr Leben mit dieser Belastung nicht mehr als wertvoll empfinden. Und sie war alleinstehend, hatte also niemanden, der ihre Last mittragen konnte oder für den es sich gelohnt hätte, ein Leben mit ständigen Schmerzen bis zum unausweichlichen Ende zu leben. Vielleicht ist die Mitteilung an einen Mitbewohner sogar ein letztes verstecktes Bitten um Hilfe. Aber vielleicht war die Mitteilung auch einfach das Ergebnis der Überlegung, was ihr Verschwinden bei den anderen Hausbewohnern, die sie doch so wenig kannte, auslösen könnte: Entsetzen, Erschrecken, Abscheu, Verurteilung, Vorwürfe, nichts gemerkt und nicht geholfen zu haben. Da wollte sie vielleicht sicher gehen, dass diese Anderen wenigstens erfahren, dass dieses Ende ganz ihr eigener Wille gewesen war und dass sie sich keine Vorwürfe machen müssen.

Kann man jemandem raten und wenn ja mit welchen Gründen, einer Sterbehilfeorganisation beizutreten? Z. B. Exit?

Ich glaube nicht, dass der Beitritt zu einer Sterbehilfeorganisation jemals das Ergebnis eines eingeholten Rates ist. Organisationen wie EXIT setzen auf die lange Mitgliedschaft von Leuten, die davon überzeugt sind, dass ihnen das Recht auf Selbstbestimmung inklusive Zeitpunkt und Art des Sterbens zusteht und die entschlossen sind, im Fall einer schlimmen Diagnose oder großer Schmerzen professionelle Hilfe zum Sterben zu bekommen. Sie bezahlen jahrelang Mitgliedsbeiträge, hinterlegen Gebühren, um die Garantie zu haben, auf Wunsch schmerzlos aus dem Leben scheiden zu können, und sie unterwerfen sich einem bestimmten Procedere, um juristische Zweifel an dem, was geschieht, ausschließen zu können. Heute dürften die meisten, die so sterben, den Kontakt zu einer Organisation durch das Internet oder auch – das aber eher selten – mittels eines Anwalts hergestellt haben.

Wenn das in einem Altenheim gängige Praxis wird, könnte sich doch eine Entwicklung anbahnen, die sehr problematische Züge annimmt. Werden nicht Tür und Tor zu Missbrauch und Verbrechen geöffnet?

Beides sind ernst zu nehmende Befürchtungen oder sogar reale Gefahren. Das wissen die, die für die Möglichkeit des assistierten Sterbens werben, und die Sterbehilfeorganisationen aber auch. Deshalb halten sie formale und bürokratisch dokumentierte Verfahren bereit, die Missbrauch, Verbrechen und juristische Zweideutigkeiten ausschließen sollen. Man bezeichnet sie in der ethischen Fachsprache gerne als »Sorgfaltsbedingungen«.

Was aus der eingespielten Praxis des assistierten Suizids gesellschaftlich erwachsen wird, können wir noch nicht genau absehen. Denn zumindest gravierende fragwürdige Entwicklungen und die Begünstigung von Missbrauchsmöglichkeiten kann der Gesetzgeber ja präventiv einschränken, indem er strenge Bedingungen aufstellt. Bisher geht die Gesetzgebung in vielen Ländern (zum Beispiel in den Benelux-Ländern) in diese Richtung. Aber was natürlich trotzdem passieren kann, ist eine tief reichende Veränderung des Denkens über das Sterben und des Umgangs mit dem Tod in der breiten Bevölkerung. Eine – nicht ganz unrealistische – andere Befürchtung ist die, dass ein gewisser sublimer, also stiller Druck entstehen könnte, in Situationen aussichtsloser Schwäche und personalaufwändiger Hilfe sich selbst durch assistierten Suizid »aus dem Spiel zu nehmen«. Eine andere die, dass ökonomische Überlegungen eine stärkere Rolle spielen könnten bei den Überlegungen und fälligen Entscheidungen. Und vielleicht auch die, dass Menschen in prekären Situationen, die nicht so stark selbstbestimmt sind, sondern in der Einschätzung des Werts ihres Lebens schwanken, zu rasch die Absicht, ihr Leben unter diesen Bedingungen beenden zu wollen, angesonnen werden könnte, nur weil sie ihren Zustand beklagen und ein Ende der Beeinträchtigungen herbeiwünschen.

Die heutige achtsame Sterbebegleitung in Kranken- und Altenheimen beteuert, dass sie dafür verantwortlich und in der Lage sei, die Schmerzen zu minimieren und das Leben bis zum Schluss erträglich zu machen. Trifft das zu?

Das ist zumindest das erklärte Ziel und Versprechen der Palliativmedizin und der entsprechenden Teams. Die Umsetzung ist natürlich sehr pflege- und personalintensiv. Die Versorgung mit einem entsprechenden Angebot ist sicher noch nicht flächendeckend voll ausreichend, aber Anfänge sind doch unzweifelhaft gemacht, und die Aufgabe einer besseren Sterbe-Kultur ist – soweit ich das beobachten kann – weithin akzeptiert.

Ist es nicht so, dass der heutige Mensch Leiden scheut, verdrängt und nicht mehr bereit ist, mit Einschränkungen und Schmerzen zu leben? Nimmt er nicht gegen alles ein Pülverchen und lässt jede Belastbarkeit vermissen?

Einschränkungen und Schmerzen mögen wir alle nicht – das ist ganz normal. Dass wir deshalb nach Möglichkeiten suchen, ihnen zu entrinnen, und von diesen auch Gebrauch machen, ist nicht zu kritisieren. Es mag auch sein, dass wir dazu neigen, diese Seite des Lebens, solange es uns gut geht und wir gesund sind, zu verdrängen.

Die Feststellung, dass Leiden und Schmerzen oft verdrängt werden, bezieht sich aber eher auf die gesellschaftliche Entwicklung, dass das Leiden und das Sterben-Müssen in spezialisierte Institutionen verlegt wird und dadurch faktisch aus den alltäglichen Lebenswelten der Familie, der Arbeitswelt, des Konsumierens und des spielerischen Miteinanders ausgegliedert wird, also verschwindet oder doch unsichtbar wird. Dadurch entsteht die Gefahr, dass viele Menschen, gerade auch Kinder und Jugendliche, viele Jahre lang damit nicht konfrontiert sind und ein Bild vom Leben gewinnen, das einseitig und einseitig auf den schönen Schein ausgerichtet ist. In dieser Welt sind alle jung und fühlen sich stark. Sterben, Leiden und Altwerden haben in dieser Umgebung keinen richtigen Platz, oder sie sind Störfaktoren im üblichen Lebensgefühl.

Macht es Sinn, bei einem Sterbenden zu wachen und zu beten oder sollte man ihn eher allein lassen in dieser Stunde?

Nicht allein gelassen zu werden und sich geborgen zu wissen bei wohlmeinenden Menschen dürfte neben der Stillung der Schmerzen dasjenige sein, was Sterbende am meisten wünschen bzw. vermissen. Wenn das Beten nicht »aufgesetzt« ist oder zur mechanischen Tätigkeit verkommt, mag es für den einen oder die andere eine angemessene Unterstützung sein. Ich glaube, das ist eine Frage der Lebenseinstellung des Patienten auch in gesunden Tagen und des Vertrautseins und des Taktes der Personen, die hier versuchen, mit dem Sterbenden seinen Weg zu gehen. Das Beten sollte jedenfalls zu der sterbenden Person »passen«. Wenn es das partout nicht tut, ist es zweifellos angemessener, schweigend Gemeinschaft zu schenken. Allein-Lassen ist sicher keine angemessene Option, es sei denn, es entspräche einem ausdrücklichen Wunsch.

Was halten Sie von der sogenannten Ars moriendi, also einer Kunst loszulassen und sich in das Sterben einzuüben? Gleichsam abschiedlich zu leben?

Die ars moriendi als Praxis, sich schon zu Lebzeiten mit der Frage des Sterbens zu befassen, ist ein geistliches Anliegen, das nach meiner Kenntnis im Spätmittelalter und unter Gebildeten, in einfacherer Form auch bei den Gläubigen, die etwas mit Bildern von Himmel, Hölle und Gericht anfangen konnten, en vogue war. In moderner Form wird es heute wieder aufgegriffen. Es geht dann darum, dass der Gedanke an das eigene Sterben-Müssen und an die eigene Endlichkeit in der Lebensführung präsent bleibt und die eigene Existenz nicht von Vorstellungen der Machbarkeit von allem und jedem, des Genießens und der Perfektheit bestimmt wird. Wir sollten uns bei allem auch und gleichzeitig der eigenen Fragilität und der Unselbstverständlicheit von Leben und Gesundheit bewusst bleiben. Das macht uns auch in anderen Feldern, etwa in unserem politischen und sozialen Handeln ein bisschen demütig und realistisch.

Verspricht ein Arzt nicht im Hippokrateseid, dass er uneingeschränkt für das Leben eintreten werde?

Der Arzt verspricht darin vor allem, für die kranken Lebenden dazusein und ihnen zu helfen. Im Wortlaut: »Ärztliche Verordnungen werde ich treffen zum Nutzen der Kranken nach meiner Fähigkeit und meinem [fachlichen] Urteil, hüten aber werde ich mich davor, sie zum Schaden und in ungerechter Weise anzuwenden.« Erst **nach** diesem Satz kommt das ausdrückliche Versprechen, niemandem ein tödliches Mittel [Gift] zu geben, »auch nicht, wenn ich darum gebeten werde«, und keiner Frau ein Abtreibungsmittel. Das stammt immerhin aus dem vierten Jahrhundert vor Christus! Das ist imponierend, aber natürlich auch ein ziemlich großer zeitlicher Abstand, der manche Interpretationsmöglichkeiten offenlässt. Aber abgesehen davon müssen wir sehen: Was damals als logische Konsequenz aus der Verpflichtung zur Beförderung des Wohls und zum Abhalten von Schaden galt, wird heute eher als Konkurrenz und Konflikt gesehen: Auf der einen Seite die Gebote zum Wohltun und zur Schadensvermeidung, auf der anderen Seite das

Gebot, die Selbstbestimmung des Patienten zu respektieren. Beides muss gegeneinander abgewogen werden. Das Wohl des Patienten und die Schadensvermeidung werden also nicht [mehr] von außen, also von Dritten, automatisch und gänzlich mit der Erhaltung des physischen Lebens gleichgesetzt, egal wie dieses konkret aussieht. Für das Wohl des Patienten ist eben auch relevant, was er selbst empfindet und wie er sich fühlt.

Und dazu kann man von außen einiges beitragen, insbesondere durch eine wirkungsvolle Bekämpfung seiner Schmerzen, durch eine gute Pflege und durch eine mitmenschliche Begleitung, die sich auf den Sterbenden und seine Bedürfnisse einlässt. Darauf sollten wir alle achten, auch als Angehörige. Das Wohl des Patienten ist – in einem sehr technischen Bild gesprochen – die »Stellschraube«, an der vieles zum Besseren verändert werden kann. Palliative Care, das Angebot hospizlicher Begleitung zuhause oder im Hospiz, Spiritual Care und eine gute Krankenhausseelsorge, die Zeit hat, machen sich das zu ihrem Anliegen und verdienen breite Unterstützung.

Wird das Leben in einer säkularen und pluralen Welt noch als Gabe Gottes gesehen oder eher als Last, die man bei Gelegenheit abstoßen kann und über die man selber verfügt?

Ich meine, dass man auf diese Frage keine Antwort geben kann, die für alle Menschen zutrifft. Vielleicht kann man aber sagen, dass viele Menschen, wenn sie gründlich nachdenken in Augenblicken großer Freude und ebenso in solchen großen Leids, zur Erkenntnis oder zur Ahnung gelangen, dass ihnen das Leben geschenkt ist und dass sie es einfach erhalten haben; aber eben auch, dass es äußerst fragil und verletzbar ist. Und sicher ist es auch so, dass die meisten ein Leben mit Einschränkungen, Belastungen und schwerster Krankheit rasch als unzumutbar und als Belastung einschätzen, solange sie selbst gesund und vital sind und solches nur bei anderen beobachten; dass der Wert eines Lebens mit Handicaps aber steigt, sobald man selbst davon betroffen ist. Diese Beobachtung sollte einen zur Vorsicht mahnen bei jedem Urteil darüber, was anderen zumutbar ist. Insofern ist die Forderung nach Selbstbestimmtheit im Sterben immer auch eine Anfrage an uns selbst und an unsere Urteile über den Wert des Lebens.

Die Fragen stellte Stephan Leimgruber. Das Interview erschien in: Der Sonntag Nr. 46 vom 18.11.2021, S. 34–35.

* Für eine vertiefte Auseinandersetzung sei auf den von mir zusammen mit Jochen Sautermeister herausgegebenen Diskussionsband Selbstbestimmung – auch im Sterben? Streit um den assistierten Suizid, Freiburg i. Br. 2015 hingewiesen.

5. Sterbefasten

Vor kurzem haben wir zum Thema »Assistierter Suizid« Professor Hilpert um seine Meinung befragt. Der Artikel im »Sonntag« hat dann eine Leserfrage provoziert, ob nicht auch das Thema »Sterbefasten« zu behandeln wäre. Nun wollen wir dieser sanften Form des Suizids nachgehen. Es ist ein sehr humanes Thema, dem selbst der große Schweizer Heilige Niklaus von Flüe zugetan war, freilich in einer etwas anderen Weise.

Unter »Sterbefasten« versteht man den vollständigen freiwilligen Verzicht auf Nahrung und Flüssigkeit bzw. auf Essen und Trinken, um das Eintreten des Todes zu beschleunigen. Handelt es sich um einen bewussten Verzicht oder eher um eine fast unbewusste Einstellung, wenn die Schmerzen stärker werden?

Das dürfte in den meisten Fällen nur schwer sauber auseinander zu dividieren sein. Aber Tatsache ist, dass sich immer wieder Menschen, besonders sehr alte, dafür entscheiden, ihre noch verbleibende Lebenszeit durch die Verweigerung von Nahrung und Flüssigkeit zu verkürzen. Es ist aber auch kein Appetit mehr da, das Essen und Trinken ist mühsam geworden und in manchen Fällen mit großen Problemen verbunden. Der meist schwerkranke Mensch ist erschöpft, sagt, dass er oder sie nicht mehr mag oder kann. Es gebe keine Aufgabe mehr, die noch bedacht oder gelöst werden müsste. Der Bibel ist übrigens dieses Lebensgefühl nicht fremd. In Gen 25 heißt es von Abraham, dass er in hohem Alter und »lebenssatt« gestorben sei.

Junge Leute fasten gerne, um ihre Linie zu wahren und überflüssiges Gewicht loszuwerden. Wie erklären Sie Anorexie, wenn Jugendliche zwangsweise fasten und nicht mehr essen können?

Anorexie ist eine schlimme Krankheit; sie wird nicht umsonst zu den Ess-»Störungen« gezählt. Sie kann in dramatischen Fällen tödlich enden. Bei ihr geht es aber gar nicht darum, dass die betroffenen jungen Leute sterben wollen. Vielmehr geht es im Gegenteil ums Aussehen und das als schmerzlich erlebte Zurückbleiben hinter einer als von der gesellschaftlichen Umgebung suggerierten Schönheitsnorm. Was von den Anderen als Essstörung wahrgenommen wird, hat also tiefere Gründe und damit zu tun, sich in seinem Erscheinungsbild und seiner Identität nicht akzeptieren zu können.

Im Alter isst und trinkt man insgesamt weniger als in jüngeren Zeiten des Aufbaus und der beruflichen Leistungsfähigkeit. Gehört das Sterbefasten im Sinne eines kontinuierlichen Abbaus ganz selbstverständlich zum Alterungsprozess?

Das ist, sagen erfahrene Mediziner, nur für Patienten mit fortgeschrittener Demenz typisch. Sicher gehört es zur Alltagsbeobachtung, dass alte Leute weniger essen und trinken. Das kann allerdings viele Gründe haben: das Nachwirken einer früher üblichen Erziehung, Gewohnheit, Nachlässigkeit, das im Lauf des Lebens erworbene Wissen, dass man für jedes Zuviel »büßen« muss usw. Aber in all diesen Fällen hat das Maßhalten nichts, rein gar nichts mit Sterben-Wollen zu tun. Im Gegenteil ist es Ausdruck eines ungebrochenen Lebenswillens und einer vorausschauenden, die Folgen mitberücksichtigenden Klugheit.

Soll man »Sterbefasten« im Vorsorgeauftrag festhalten, in dem es um die bewusste Festlegung der eigenen Wünsche rund um das Sterben geht? Also, wenn man das Leben nicht künstlich und um jeden Preis verlängern will, sondern in Ruhe und friedlich entschlafen will?

Das kann man tun, und hinsichtlich der heute vielleicht aus zeitökonomischen Gründen viel zu häufig praktizierten künstlichen Ernährung ist es sogar ratsam. Ob man sich aber – von dieser Möglichkeit abgesehen – die Möglichkeit des Sterbefastens auf diese Weise rechtlich stark sichern muss, scheint mir nicht notwendig zu sein. Denn Sterbefasten ist keine Maßnahme, die man irgendwie planen könnte, sondern es ist eine Möglichkeit, die sich situations-, alters- und krankheitsbedingt manchmal ergeben kann. Ich nehme auch stark an, dass es in einem persönlich-vertrauten Umfeld, also zuhause oder in einem Hospiz, eindeutiger und überzeugender zu realisieren und auch zu respektieren ist als in einer Klinik oder in einem Heim, wo nicht so schnell zu klären ist, ob die Verweigerung von Nahrung und Flüssigkeit ihren Grund in dem angebotenen Menü, in der momentanen Unfähigkeit, die notwendigen Bewegungen auszuführen, in vorübergehender Unlust, etwas zu essen und zu trinken (das Essen kommt ja für alle zu einer bestimmten Zeit, auch wenn man andere Einnahmezeiten gewohnt war), in fehlender Unterstützung oder im Zeitmangel der Pflegepersonen hat. In Einrichtungen wird man immer besondere Vorsicht walten lassen, um nicht den rechtlichen Vorwurf zu riskieren, dass man einen Patienten bzw. eine Patientin habe »verhungern« oder »verdursten« lassen. Hier sind die Anforderungen an bestimmte Voraussetzungen wie die Urteilsfähigkeit des Patienten und das Angebot alternativer Behandlungswege, besonders hoch. Andererseits sollte auch hier ganz klar sein, dass ein Zwingen des Patienten zum Essen und Trinken respektlos ist.

Manchmal erlebt man Sterbende, denen auf Geheiß der Verwandten die Flüssigkeit »abgestellt« wird. Ist das für die Pflegefachleute eine strafbare Handlung, weil ein erzwungenes Sterbefasten?

Es sollte natürlich nicht passieren, dass Verwandte bestimmen, dass und wann und auf welche Weise jemand stirbt. Das ist nicht nur nach der Rechtslage in den meisten Ländern strafbar, sondern auch moralisch verwerflich, weil es Tür und Tor für alle möglichen egoistischen Interessen von Seiten der Angehörigen öffnen würde. Wenn wir vom Sterbefasten sprechen, sollten ausschließlich jene Fälle im Blick sein, bei denen die Verweigerung von Essen und Trinken freiwillig ist, also vom Sterbenden selbst gewollt ist. Dieser könnte dann auch, wenn sich seine Meinung noch einmal änderte, diesen Weg abbrechen.

Auf einem anderen Blatt steht, dass die Zufuhr von Nahrung und Flüssigkeit für manche Schwerstkranke und Sterbende auch schwere Komplikationen nach sich zieht und deshalb aus medizinischen Gründen abgebrochen wird. Auch dann bedeutet das aber nicht, dass das beim Patienten auftretende Gefühl von Hunger und Durst unbeachtet bleiben dürfte und nicht gestillt werden müsste. Vor allem ist die Verhinderung von Mundtrockenheit für die Lebensqualität vieler Sterbender von größter Bedeutung.

Fasten ist in den abrahamitischen Religionen Judentum, Christentum und Islam ein wichtiges Element des geistlichen Lebens, wenn es auch unterschiedlich gehandhabt wird. Der Unterschied zum Sterbefasten besteht darin, dass das völlige Fasten, das heilend und läuternd erfahren wird, spätestens nach dem Fest des Fastenbrechens oder nach Karfreitag und Aschermittwoch ein Ende hat. Aber ein bewusstes Fasten im Hinblick auf den Tod ist doch etwas ganz anderes!

Ja, das stimmt. Anders ist insbesondere das Ziel des Fastens, wie es in den genannten Religionen empfohlen wird: Es geht darin um das gelegentliche Unterbrechen der Zwänge und Routinen des Alltags, aber auch des mit ihnen verbundenen Denkens, Sehnens und Trachtens, um wieder freier zu werden, in sich hineinhören zu können und seine Lebensführung neu zu justieren. Fasten ist hier also ein Weg, wieder »zur Besinnung zu kommen« oder – wenn ich ein Bild aus der Technik gebrauchen darf – »den Stecker zu ziehen« und alles auf »Reset« zu stellen. Solche bewusst herbeigeführten Unterbrechungen können einem die Augen öffnen für Größeres, Wichtigeres, aber auch für die Anderen und ihre Nöte.

Suizid haben wir als eine Realität kennengelernt, die im Tiefsten ein Weckruf an das Umfeld ist mit der Bitte, mehr Aufmerksamkeit und Wertschätzung zu erhalten. Geht das Sterbefasten nicht einher mit einem unauffälligen Rückzug aus der Menschheit?

Ja, aber es hat nicht diesen Appellcharakter an die Anderen »bitte helft mir, ich weiß allein nicht weiter«. Sondern die Botschaft lautet eher: »Ich habe genug. Lasst mich meinen Weg gehen.« Oder: »Es ist, so wie es jetzt ist, nur noch eine Qual oder ein Warten auf den Tod. Ich bin bereit und ihr könnt jetzt nichts mehr für mich tun.«

Bruder Klaus begann mit fünfzig Jahren zu fasten mit Ausnahme der Eucharistie als Nahrung. Er wurde achtzig Jahre alt und niemand kann sein totales Fasten erklären. Haben Sie eine Erklärung, warum er ein Fasten im Sinne der Mystik und des Verbundenseins mit Gott wollte?

Dafür habe ich keine Erklärung, vielleicht weil ich bisher in meinem Leben keine derartigen Erfahrungen gemacht habe. Aber aus Zeugnissen von Menschen, die unfreiwillig schlimmen Hunger ertragen mussten, wie auch aus der Begleitung von Hungerstreikenden ist das Phänomen bekannt, dass Menschen unter ständigem Nahrungs- und Flüssigkeitsentzug halluzinieren. Vielleicht ist manches, was Mediziner und Psychologen unter »halluzinieren« einordnen, aus der Perspektive derer, die an Gott glauben und nach Gotteserfahrung suchen, Mystik und Sich-als-verbunden-erfahren-Dürfen mit Gott.

Die Fragen stellte Stephan Leimgruber. Das Interview erschien in: Der Sonntag, Nr. 3 vom 20.01.2022, S. 18–20.

Zu 4. und 5.: Kontext und Verlauf der Debatte

Seit den 1960er Jahren kam eine stärkere ethische Debatte über mögliche Formen einer Sterbehilfe in Gang. Sie wurde einerseits angefacht durch Einzelfälle, in denen das Handeln im Sinn des medizinisch Machbaren und das menschlich Erträgliche offensichtlich auseinanderklafften und deshalb vor Gericht landeten, wo ihre Behandlung internationale Aufmerksamkeit fand. Andererseits war in den Nürnberger Kriegsverbrecher-Prozessen als der Kern des ärztlichen Umgangs in allen Feldern der Medizin die Respektierung des Einverständnisses nach vorausgegangener Information (informed consent) herausgestellt worden. Das war damals auf dem Hintergrund der NS-Verbrechen an Häftlingen und Menschen mit Behinderung als allgemeine Handlungsanleitung an die Ärzte und Forscher und andere Verantwortliche gemeint. Heute nennt man das, was damals ins Auge gefasst wurde, Patientenautonomie. Mit dem Prinzip des informed consent war der Grund gelegt für die Entwicklung eines eigenen ärztlichen bzw. medizinischen Ethos, das von der Achtung dieses Prinzips durchdrungen war.

In den jahrzehntelangen Debatten um Sterbehilfe wurde schnell klar, dass weder der plakative Hinweis auf die vom Nationalsozialismus favorisierte Theorie und die menschenverachtende Praxis der Euthanasie genügte noch auf das bloß emphatische Bekenntnis zur Menschenwürde als dem Kern der neuen, nicht-nazistischen Rechtsordnung Klarheit schaffen konnte über die Grenzen zwischen ethisch verbotenen und ethisch erlaubten oder sogar erforderlichen Formen der Hilfe beim Sterben.

Während die ärztliche Ethik alten Stils den Arzt in den Vordergrund der Betrachtung und der Beurteilung rückte, war es in dem seit den 1970er Jahren Fahrt aufnehmenden Auf- und Ausbau der Medizinischen Ethik der Patient bzw. die Patientin mit ihrer bzw. seiner Autonomie. Deren Wünsche und Sichtweise gewann in der weiteren Debatte ausschlaggebendes Gewicht.

Ein erster Erfolg auf gesetzgeberischer Ebene stellte in zahlreichen Ländern die rechtliche Verbindlichmachung der sog. Patientenverfügungen dar, in denen ein Mensch für den Fall, dass er irgendwann unfähig ist, vorweg seinen Willen zu Behandlungen äußern, Anordnungen treffen oder Personen seines Vertrauens mit der Geschäftsführung der ihn betreffenden Angelegenheiten beauftragen kann. Faktisch ging diese Stärkung der Entscheidungs- und Zustimmungs-Kompetenz des Patienten einher mit einer deutlichen Kritik an dem herkömmlich praktizierten, durch Fürsorge und den fachlichen Vorsprung an Wissen gerechtfertigte Arzt-Patienten-Verhältnis, das dem Arzt selbstverständlich die Entscheidungsbefugnis und auch die rechtliche Verantwortung überließ bzw. zuschrieb. Die Debatte über die Sterbehilfe gab aber auch anderen und neuen Sorgen Platz und Gewicht, insbesondere der erheblichen Vermehrung der medizinischen Optionen und den erst nach und nach ins Bewusstsein tretenden Problemen des veränderten gesellschaftlichen Umgangs mit Tod und Sterben.

Es sind aus dieser Debatte im Lauf der Jahre konkurrierende Modelle hervorgegangen, was als Angebot der Hilfe in Frage kommen kann und was nicht. Beachtlich sind die politischen Initiativen zur Verbesserung der (besonders aufwändigen) Palliativ- und Hospizversorgung. Ein eigener jüngerer Debattenstrang stellt das unter der unglücklichen Bezeichnung »assistierter Suizid« chiffrierte Hilfe-Modell dar. Eine erste gesetzliche Ausgestaltung, die das geschäftsmäßige Betreiben solcher Hilfe verbieten und die Freiverantwortlichkeit schützen wollte (2015), ist in Deutschland 2020 am Einspruch des Bundesverfassungsgerichts gescheitert. Eine bessere Regelung, die sowohl dem Anliegen der Selbstbestimmtheit auch im Blick auf den Tod Rechnung trägt als auch den Schutz des Einzelnen vor Suggestion und fehlender Bereitschaft der Umgebung durch eine gute Beratung sicherstellt, steht derzeit noch aus.

Die beiden Interviews 4. und 5. sind exakt in diesem Problemfeld entstanden. Sie äußern Verständnis für die Menschen, die – aus sehr unterschiedlichen Gründen – so einen Weg gehen möchten. Sie lenken aber zugleich die Aufmerksamkeit auf Alternativen. Nicht als ob es dort, wo Menschen erkennen, dass sie über kurz oder lang »gehen müssen«, so etwas wie eine Patentlösung gäbe. Vielmehr so, dass davon auszugehen ist, dass die Situation des bewussten Sterbens stets geprägt ist von Sorgen, Ängsten, der Not des Nicht-mehr-Könnens und der Schwäche. Gleichwohl verdient der konstante Wunsch nach dem Ende unbedingten Respekt.

6. Diskussion um die »Homo-Ehe«

Nachdem die Iren mit großer Mehrheit für die Einführung der »Homo-Ehe« votiert haben, ist auch in Deutschland die Diskussion um die mögliche Gleichstellung gleichgeschlechtlicher Lebensgemeinschaften mit der Ehe entbrannt.

Kardinalstaatssekretär Pietro Parolin spricht angesichts der irischen Entscheidung von einer »Niederlage für die Menschheit«. Wie sieht das ein Moraltheologe?

Das ist sicher eine allzu dramatische und aufgeregte Bewertung. In ihr findet wohl vor allem das Entsetzen darüber Ausdruck, dass die Mehrheit der Iren anders votiert hat, als die Kirche es gewünscht und empfohlen hat. Das hat die Verantwortlichen überrascht, und ebenso die internationale Öffentlichkeit. Ich kann verstehen, dass das als bitter empfunden wird. Und es ist ohne Zweifel auch einschneidend, was die Kultur der Lebensformen betrifft. Aber bei »Niederlagen für die Menschheit« fallen mir doch andere Szenarien ein.

Befürworter der »Homo-Ehe« sagen, Lesben und Schwule nähmen niemandem etwas weg. Steht aber nicht die Identität der christlichen Ehe auf dem Spiel?

Es geht meines Erachtens nicht so sehr um die Identität der christlichen Ehe, als darum, was überhaupt Ehe ist. Dazu gehören sicher wechselseitige Zuneigung und die Bereitschaft jedes Partners, den Anderen zu unterstützen, nicht nur in den Phasen des Glücksempfindens, sondern eben auch in Krisen und Zeiten gesteigerter Belastung; und schließlich auch der Wille, die Beziehung durch einen Akt des Versprechens auf Zukunft zu stellen und vom Wechsel augenblicklicher Gefühlslagen unabhängig zu machen.

All das wird man gleichgeschlechtlichen Lebensgemeinschaften nicht pauschal absprechen können. Und das ist wohl auch der Grund für die öffentliche Sympathie, die jetzt emotional geäußert wird.

Aber der Begriff Ehe birgt mehr…

Ja. Es handelt sich um eine Verbindung, die Kinder hervorbringen kann. Diese Möglichkeit zur Gründung einer Familie mit gemeinsamen Kindern ist wohl auch der tiefere Grund, weshalb der Lebensgemeinschaft von Mann und Frau besonderer Schutz durch das Recht zuerkannt wird.

Die Hervorbringung gemeinsamer Kinder ist aber bei schwulen und lesbischen Partnerschaften ausgeschlossen, und zwar prinzipiell. Das ist nicht nur ein kleines Hindernis, das man mithilfe von Samenbanken und Leihmutterschaft aus dem Weg räumen kann. Das ist etwas, was auch das Erleben von Selbstwirksamkeit, von Schwangerschaft, von Elternschaft und gemeinsamem Wachsen betrifft.

Wie bewerten Sie die Bezeichnung »Homo-Ehe«?

Das Wort »Homo-Ehe« ist ein politischer Kampfbegriff, der die ganze Problematik in einem Aufwasch beseitigen möchte, indem er nahelegt, dass die Beschränkung der Ehe auf Verbindungen einer Frau und eines Mannes unrecht, weil diskriminierend, sei. Eine eigene Institution dieser Lebensformen, wie es sie in Deutschland in Form der eingetragenen Lebenspartnerschaften ja längst gibt, und weitestgehend gleiche Rechte für gleichgeschlechtlich Verbundene sind aber nicht schon diskriminierend.

Es geht – glaube ich – auch nicht um die Frage, ob Lesben und Schwule irgendjemandem etwas wegnehmen. Sondern es geht um ein gesellschaftliches Leitbild für den sozialen Ort, wo Kinder gewollt, gezeugt und geboren werden und einen Anspruch darauf mitbringen, umsorgt zu werden.

Warum tut sich die Kirche mit dem Thema Homosexualität so schwer?

Die Kirche tut sich sehr schwer mit dem Thema, weil ihre Tradition die Homosexualität als »widernatürlich« eingestuft hat, also als etwas, was der Natur des Menschen zuinnerst zuwiderläuft. Wir wissen heute, dass das so nicht zutrifft, und deshalb hat sogar die Kirche offiziell ihre Position weiterentwickelt. Mag sein, noch nicht genug und nicht ausreichend konsequent.

Auch die Bibel enthält harte Urteile über die Homosexualität. Aber ihre Autoren hatten noch nicht unseren Kenntnisstand. Oft wird übersehen, dass ihre Verurteilungen, soweit wir das rekonstruieren können, homosexuelle Praktiken von Heterosexuellen im Auge haben. Abgesehen davon aber schätzt die Bibel jede Form von Liebe, Verlässlichkeit und Treue.

Nach Ansicht von Kardinal Walter Kasper dürfte nach dem irischen Referendum der Umgang der Kirche mit gleichgeschlechtlichen Paaren vom Rand- zum Zentralthema der Familiensynode im Herbst werden...

Das kann man von außen schlecht einschätzen. Wenn Kardinal Kaspers Prognose zutrifft und der Umgang mit gleichgeschlechtlichen Paaren ein zentrales Thema der Synode würde, will ich hoffen, dass Verbindlichkeit, Solidarität und Treue, die in derartigen Verbindungen gelebt wird, Würdigung erfahren. Es könnte aber auch passieren, dass die emotionale Art und die starke Aufladung, mit der das Thema derzeit in vielen Ländern diskutiert wird, dem Anliegen schaden.

Auch in der deutschen Politik werden Stimmen laut, es den Iren gleichzutun. Ist es eine Frage der Zeit?

Die Politik sollte ihre Entscheidungen besser nicht an Stimmungen ausrichten, obschon die natürlich da sind. Tatsächlich hat das Bundesverfassungsgericht in mehreren Urteilen seit 2001 den Abstand zwischen der Ehe und der eingetragenen Lebenspartnerschaft minimiert. Und es kann durchaus sein, dass die höchstrichterliche Rechtsprechung in näherer Zukunft die Öffnung der Ehe, wie sie bisher verstanden wurde, auch für Gleichgeschlechtliche erzwingt. Manche Politiker und Aktivisten schlagen deshalb in ihrer Begeisterung über das irische Votum vor, gleich den kürzeren Weg einzuschlagen. Und sie sind sich sicher, dass die Mehrheiten dafür längst da sind. Mag sein. Ich bevorzuge den Weg über die Rechtsprechung, weil dann gründlicher überlegt wird, ob die verlangten Änderungen des Adoptionsrechts und die dann unvermeidbare Einführung von Leihmutterschaft wirklich gewollt und im Sinne der Kinder sind.

Ausgerechnet das katholische Irland hat sich für diesen Schritt entschieden. Was hat die Menschen von ihrer Kirche entfernt?

Ich kenne die lokalen Verhältnisse zu wenig, um das exakt beantworten zu können. Aber es ist klar, dass die Affären um den sexuellen Missbrauch von Anvertrauten und der rigide Umgang mit ledigen Müttern eine große Menge an Glaubwürdigkeit zerstört haben. Das liegt zwar in der Vergangenheit, aber die Generation der Betroffenen lebt noch, und das, was bekanntgeworden ist, wirkt heute. Verlorenes Vertrauen muss erst mühsam wiedergewonnen werden. Vielleicht aber hatten es die Iren auch satt, auf der ganzen Welt als rückständig und unmodern, vielleicht sogar als intolerant zu gelten.

Die Fragen wurden von einem Mitarbeiter der Katholischen Nachrichten-Agentur KNA gestellt. Das Interview erschien u.a. in: Passauer Kirchenzeitung Nr. 23 vom 7.6.2015, S. 5.

7. Ehe für alle

Am 11. Juni 2020 hat der Nationalrat der Schweiz mit einer Zweidrittelmehrheit die «Ehe für alle» befürwortet und für Lesben den Zugang zur Samenspende erlaubt. Das Ergebnis der Abstimmung im Juni 2020 bringt eine Reihe Fragen mit sich, welche durch die neue Eheform gegeben werden. Die Stossrichtung der Abstimmung über die «Ehe für alle» und der Zugang zur Samenspende lag auf der Gleichberechtigung aller unabhängig von ihrer sexuellen Orientierung.

Nun können auch homosexuelle Paare eine Ehe schliessen, allerdings mit dem Schwerpunkt auf der Liebes- und Verantwortungsgemeinschaft. Was hier ausbleibt, ist die Möglichkeit, dass aus der ehelichen Liebe und Vereinigung heraus ein Kind entsteht. Nun werden die neuen Möglichkeiten der künstlichen Zeugung eines Kindes aktiviert. Die Ehe hat ein neues Gepräge, die Kindszeugung ist kein wesentlicher Bestandteil des Eheverständnisses. Worin besteht nun genau der Unterschied zwischen traditioneller Ehe und der Ehe für alle?

Es dürfen jetzt nicht nur ein Mann und eine Frau sich verheiraten, sondern auch ein Mann mit einem Mann und eine Frau mit einer Frau. Bisher war es für das Eingehen der Ehe eine selbstverständliche Voraussetzung, dass die zwei Personen, die heiraten wollten, verschiedenen Geschlechts sind. Das entfällt nun. Erhalten bleibt hingegen, dass die Ehe die Institution für eine umfassende Liebes- und Lebensgemeinschaft ist, dass sie Verantwortung füreinander in guten und schlechten Tagen begründet und dass sie auf unbegrenzte Zukunft hin geschlossen wird.

Hinter dem Stichwort «Ehe für alle» verbirgt sich eine neue Bewertung der Homosexualität. Während sie noch in einigen Ländern verboten und bestraft wird, gibt es hier die Möglichkeit, dass sich schwule und lesbische Paare ehelich trauen lassen und sich eheliche Liebe und Treue versprechen und auch leben. Worin liegen die Gründe zur Neubewertung der Gleichgeschlechtlichkeit?

Lange Zeit war man sich ganz sicher, dass Homosexualität ein Zuwider-Empfinden und Zuwider-Handeln gegen die innere Veranlagung des Menschen ist oder aber eine krankhafte Entartung, die unterdrückt oder behandelt werden muss. Derartige Erklärungen gelten schon seit einigen Jahrzehnten als wissenschaftlich widerlegt. Man muss also davon ausgehen, dass es Menschen gibt, die eine homosexuelle Orientierung haben, ohne dass sie sich diese ausgesucht haben. Zusätzlich gibt es offensichtlich auch Lebensumstände, unter denen es vermehrt zur Ausbildung homosexueller Gefühle und Praktiken kommt.

Es gibt treue gleichgeschlechtliche Paare. Wenn Sexualität eine gute Gabe Gottes ist, müsste diesen auch der Segen Gottes zugesprochen werden können.

Warum nicht? Nachdem die Einschätzung von Homosexualität als widernatürlich oder krankhaft ihre Grundlage verloren hat, gibt es auch keinen Grund mehr, entsprechenden Lebensgemeinschaften einen kirchlichen Segen für das Gelingen ihrer Partnerschaft, der gegenseitigen Treue und eine Zusammengehörigkeit, die bereit ist, auch die Lasten und Probleme des Anderen mitzutragen, zu versagen.

Es ist klar, dass die Einführung einer solchen Praxis in der katholischen Kirche auf Schwierigkeiten und Ablehnung stoßen wird. Deshalb hängt viel davon ab, dass man sie den Gläubigen erklärt und bei der Einführung mit einigem Fingerspitzengefühl vorgeht.

Ich denke, es gibt zahlreiche heisse Fragen, die polarisieren und nach Klärung verlangen. Grundsätzlich möchte man den Kinderwunsch respektieren, aber bei den Fragen nach dem Kindeswohl entstehen dann diverse grosse Bedenken. Ein erstes Bedenken bezieht sich auf eine Mutterschaft gegen Geld: Was bedeutet das für die Kinder, wie gehen Leihmütter-Kinder damit um?

Darüber, wie Kinder von Leihmüttern später mit den Umständen ihrer Entstehung umgehen, kann man noch nichts Sicheres wissen; das ist einfach ein zu neues Phänomen. Aber man wird nicht falsch liegen, wenn man vermutet, dass die Aufspaltung zwischen biologischer und sozialer Mutterschaft zumindest für die beteiligten Frauen und mittelbar vielleicht auch für die Kinder schwere Belastungen und Konflikte mit sich bringen kann. Denn die Schwangerschaft ist ja nicht einfach eine für die Schwangere nebenher ablaufende Reifungszeit, sondern ein Zustand, der tief in die Lebensgewohnheiten, in das Selbstverständnis und die leibseelische Befindlichkeit einer Frau eingreift und in der eine gefühlsmäßige Bindung zu und Kommunikation mit dem Kind in ihrem Leib entsteht. Das muss dann nach der Geburt abrupt beendet werden. Und das Paar, das das Kind «bestellt» hat und meist keinen intensiven Kontakt zur Schwangeren gehabt hat, soll vom Moment der Übergabe an die Rollen von Mutter und Vater können, quasi aus dem Stand heraus. Was ist, wenn die austragende Mutter das Kind nach der Geburt nicht hergeben will? Und was, wenn das geborene Kind den Wünschen der Bestell-Eltern nicht entspricht?

Grundsätzlich ist einzuwenden, dass ein Kind und auch eine Schwangerschaft nicht zu den Gütern gehören, die Gegenstand von Geschäften sind und wie Waren und Dienstleistungen behandelt werden, die man gegen Geld tauschen kann. Diese grundsätzliche Andersartigkeit ist ja gemeint, wenn man in Philosophie, Theologie und Recht von der «Würde» des Menschen spricht.

In der Schweiz gibt es die Organisation «Back to the Roots», weil Adoptionen aus Sri Lanka arg manipuliert wurden. Von den 1970er- bis in die 1990er-Jahre wurden Tausende von Kindern aus Sri Lanka illegal oder unter zweifelhaften Bedingungen zur Adoption nach Europa vermittelt, auch in die Schweiz. Die Babys wurden mit falschen Identitäten verkauft. Was lässt sich zu dieser Vorgehensweise in Sri Lanka sagen?

Die geschilderte Vorgehensweise setzt sich zumindest dem Verdacht aus, eine Art von Menschenhandel zu sein. Vor allem, wenn den Eltern das Einverständnis zur Abgabe ihres Kindes unter Zwang oder unter Vorspiegelung falscher Versprechungen (z.B. hinsichtlich späterer Kontaktmöglichkeiten) abgerungen wurde. Adoptionen, auch solche aus dem fernen Ausland, sind aber nicht schon per se etwas Anrüchiges. Aber sie müssen im Interesse des betroffenen Kindes selbst liegen, und die interessierten Eltern sollten dafür geeignet sein. Der Wunsch hier lebender Paare, unbedingt ein Kind zu haben, reicht für eine Adoption nicht aus. Übrigens gibt es für eine Adoptionsvermittlung, die das Kindeswohl beachtet, inzwischen internationale Standards und vertrauenswürdige Institutionen.

Eine Mutter und ein Vater prägen ihr Kind auf sehr unterschiedliche Weise. An der Universität Wien laufen derzeit Forschungsprojekte zur Bedeutung der Vaterschaft. Dürfen lesbische oder schwule Paare einem Kind einfach einen Vater oder eine Mutter vorenthalten, weil eine Familie mit zwei

Vätern oder zwei Müttern entstehen soll? Hat ein Kind Anrecht auf eine Erziehung durch einen Vater und eine Mutter? Frau Bundesrätin Keller sagte, dass allein die Liebe entscheidend sei für die Erziehung.

Ein derartiges Anrecht würde ich auch bejahen und unterstreichen. Aber die Sachlage ist nicht ganz einfach. Denn einerseits gibt es auch bei heterosexuellen Eltern häufiger nichtideale Konstellationen, so dass die Kinder bei nur einem Elternteil oder mit einem Vater bzw. einer Mutter, die ihrer Erziehungsaufgabe nicht gewachsen sind, aufwachsen und zurechtkommen müssen. Und andererseits differenzieren sich in vielen Familien mit gleichgeschlechtlichen Partnern die Rollen so aus, dass sie denen von Vater und Mutter in einer «normalen» Familie gleichen. Die wissenschaftlichen Studien, die es zu diesen sog. Regenbogenfamilien gibt, liefern bislang keine Belege für die Befürchtung, dass Kinder, die bei gleichgeschlechtlichen Eltern aufwachsen, Schäden davontragen müssten oder sich ganz anders entwickelten als Kinder mit verschiedengeschlechtlichen Eltern.

Insofern hat Frau Bundesrätin Keller zweifellos recht. Dass Elternliebe noch wichtiger ist als bestimmte biologische Voraussetzungen, möchte ich nicht bestreiten. Aber dass die sog. Blutsbande deshalb einfach bedeutungslos seien, lässt sich daraus eben nicht ableiten und wird in der Realität der familiären Beziehungen vielfach widerlegt.

Warum hört und sieht man immer wieder von Kindern, die ihren Vater nicht kennen aber alles unternehmen, um ihn kennen zu lernen. Gehört es zur Identität eines Menschen, seine Wurzeln zu kennen oder spielt das eine untergeordnete Rolle?

Ja, das ist ein erstaunliches Phänomen. Es gehört offensichtlich zur Identität des Menschen zu wissen, wo er herkommt und wer seine Eltern und Großeltern sind. Deshalb enthalten alle modernen Regelungen für Reproduktionsmedizin Bestimmungen, die dem entstandenen Kind die Möglichkeit garantieren, später, falls es das will, Kenntnis davon zu erlangen, wer sein biologischer Vater ist. Das setzt natürlich eine sorgfältige Dokumentation voraus. Seit der UN-Kinderrechts-Konvention von 1989 hat das Recht des Kindes auf Kenntnis seiner eigenen Abstammung völkerrechtliche Verbindlichkeit.

«Zugang zur Samenspende» klingt sehr sachlich und erscheint als problematischer Begriff, weil damit der Vorgang der Zeugung innerhalb einer

Liebesbeziehung fehlt. Ist hier nicht eine «Unmenschlichkeit» im Spiel und zeigen sich allenfalls egoistische Motive der Eltern? Wird das Kind dadurch nicht zum Objekt der eigenen Wünsche, was mit der Würde des Menschen unvereinbar ist?

«Zugang» zur Samenspende ist sicherlich keine menschlich adäquate und psychologisch sensible Bezeichnung, die die Wünsche und Sehnsüchte, die hier eine Rolle spielen, abbildet. Sie erfasst nur den juristischen Aspekt, also den Anspruch einer Frau, zur Erzeugung einer Schwangerschaft an Samen von «Spendern», der in einer Samenbank funktionsfähig gehalten wird, heranzukommen, ohne das Risiko, abgewiesen zu werden oder nachweisen zu müssen, dass sie mit einem Mann verheiratet ist. Das, also ob sie einen Mann oder Lebenspartner oder eine Frau oder Partnerin hat oder als Single lebt, ist nach dem jetzigen Recht ihre ganz private Angelegenheit. Juristische Begriffe müssen nicht in erster Linie menschlich angemessen und einfühlsam sein, sondern eindeutig.

Über die Motive, die die einzelnen Frauen dabei bewegen, möchte ich nicht spekulieren. Sich ein eigenes Kind zu wünschen, ist weder illegitim noch ungewöhnlich, auch wenn man als Frau keinen oder noch keinen Mann hat. Sicher gibt es auch fragwürdige Motive. Ab die gibt es ja auch dort, wo Kinder auf «normalem» Weg in einer heterosexuellen Partnerschaft entstehen, etwa Prestige, die Suche nach einer rettenden Klammer für die Partnerschaft, Druck von Seiten der Familie.

Warum wird gesellschaftlich ein unbekannter Samenspender für eine Mutterschaft besser akzeptiert als ein bekannter Samenspender?

Die Möglichkeit, Samen von einer bekannten Persönlichkeit zu wählen, ist mit dem Risiko verknüpft, dass unter der Hand eine phantasierte einseitige Beziehung entstehen könnte. Das wollen Spender in aller Regel gerade vermeiden, weil daraus Ansprüche auf Unterhalt, Erbe, Teilhabe an Ruhm und Erfolg, Name usw. und entsprechende Auseinandersetzungen entstehen könnten. Dazu kommt die Sorge von Gesellschaft und Politik, dass man auf diese Weise der Möglichkeit des Designer-Babys näherkommen könnte.

Ist Becherspende – etwa von Studenten – eine feine Sache oder ein bedenklicher Geldverdienst?

Auf diese Weise Geld zu verdienen, mag für manche ein lukrativer Nebenjob sein. Aber er ist wohl nicht ganz einfach wegen der erforderlichen Qualität des Samens: Es braucht eine Mindestdichte von Spermatozoen, es müssen durch Bluttests HIV und andere Infektionen ebenso wie genetische Abweichungen ausgeschlossen werden, und das Sperma muss zur Befruchtung geeignet sein usw. Außerdem spüren wohl viele, dass es keineswegs unproblematisch ist, «Zeugungsmaterial» und das «Projekt» Kind von anderen zum Gegenstand eines so banalen Geschäfts zu machen. Samen»spender« hüllen deshalb ihren Nebenjob meistens in Anonymität ein. Das ist übrigens auch von den Regularien so vorgesehen, zum Schutz der Spender vor späteren Unterhalts- und Erbschaftsforderungen einerseits, und zum Schutz der Familie, in der ein so entstandenes Kind aufwächst, andererseits.

Die Bezeichnung «Spender» und «Spende» in diesem Zusammenhang ist übrigens eine Täuschung. Denn das Charakteristische an einer Spende ist ja gerade, dass sie umsonst gegeben wird, wie das genauso bei einer Kollektenspende und bei einer Organspende der Fall ist.

Die Fragen stellte Stephan Leimgruber. Das Interview erschien in: Der Sonntag Nr. 34 vom 28.08.2020, S. 24–25-

* Für eine vertiefte Auseinandersetzung s. auch meine Beiträge Öffnung der Ehe für gleichgeschlechtliche Partnerschaft (in: Stimmen der Zeit 142 [2017], 579–588) und Same-Sex Partnership and Marriage (in: Stephan Goertz [ed.], «Who am I to judge?» Homosexuality and the Catholic Church, Berlin/Boston 2022, 235–258)

Zu 6. und 7.: Kontext und Verlauf der Debatte

Der Anspruch, selbstbestimmt zu leben, wurde in den letzten Jahrzehnten auch zum zentralen Orientierungspunkt und Gestaltungsgrundsatz für die Lebens- und Beziehungsform. Natürlich ist es nicht so, dass die herkömmlichen Formen von ausgedrückter Liebe und Freundschaft, von Lebensgemeinschaft und Elternschaft und familiärer Generationen-Solidarität einfach verschwinden und vollständig durch ganz neue ersetzt würden. Aber sie werden auf jeden Fall in nie zuvor dagewesener Weise zu Gegenständen einer mehr oder weniger bewusst getroffenen Wahl der beteiligten Akteure. Außerdem werden sie voneinander entkoppelt in der Weise, dass die verschiedenen Schritte nicht als logisch und zeitlich auseinander hervorgehende soziale Realitäten aufgefasst werden, sondern als je einzelne Entscheidungen, die auch ohne die jeweils anderen gefällt und umgesetzt werden können. Hinzu kommt, dass die ja schon immer existente, aber soweit möglich ins Verborgene abgedrängte gleichgeschlechtliche Sexualität und Lebenspartnerschaft in den letzten Jahren zumindest offiziell und rechtlich vom Odium des Naturwidrigen und Krankhaften befreit werden konnte; damit hat dich das Spektrum wählbarer Lebensgemeinschaften noch einmal deutlich vergrößert.
Diese Vergrößerung der Spielräume in Lebenspraxis und Rechtfertigbarkeit gegenüber anderen richtet sich nicht wie die früher unter 4. und 5. beschriebene Perspektive der Patientenautonomie gegen die Privilegien und Usancen von Angehörigen einer bestimmten Berufsgruppe, sondern geht zu Lasten der durch Überlieferung, Gewohnheit und Autorität der Generationen, der in Regeln der Moral und in Normen des Rechts vorgehaltenen festen Institutionen. Sie vermögen den vielen einzelnen Individuen immer weniger eine gemeinsame Grundform des Lebens bzw. Zusammenlebens vorgeben bzw. aufnötigen; vielmehr sind sie selbst Gegenstand von Verabredungen und speziellen »Auffüllungen« oder werden eben bewusst als das ausgeschlagen, was gerade nicht gewollt ist, sei es, weil man an der Praxis anderer schlechte Erfahrungen damit beobachtet haben will, sei es, weil sie als Formen für die eigenen Pläne und Erwartungen

an das Leben nicht »passen« oder weil dezidiert gerade eine neue Konstellation erprobt werden soll.

Dem Streben nach größerer individueller Freiheit in der Gestaltung von sexuellen Beziehungen, von Freundschaft, praktizierter Liebe und Verbindlichkeit, Partnerschaft und Familie korrespondiert auf gesellschaftlicher und rechtlicher Ebene die aus dem Versprechen der Gleichheit abgeleitete Dynamik der Entdiskriminierung: Menschen, die sich in ihren frei gewählten Lebensformen von den überlieferten und üblichen Weisen unterscheiden, soll aufgrund ihrer gleichen Würde, die die Selbstbestimmtheit der Lebensform impliziert, soziale Achtung entgegengebracht werden, auch wenn dies in der Vergangenheit nicht der Fall gewesen ist oder mehrheitlich eine andere Praxis vorherrscht. Beide Entwicklungen bringen spezifische Risiken mit sich, an denen eine Partnerschaft auch scheitern kann.

Die Einführung der sog. Ehe »für alle« auf der Basis der Rechtfertigung, dass kein Geschlecht und keine sexuelle Orientierung vom Zugang zur Ehe ausgeschlossen werden darf, war im ersten Jahrzehnt des 21. Jahrhunderts noch ein Ereignis, das international große Aufmerksamkeit auf sich zog. Wenn ein kleines Land wie die Schweiz diese Entwicklung nur wenige Jahre später »nachvollzieht« (2020) und ihr Zivilrecht entsprechend ergänzt, ist das nicht mehr gleichermaßen spektakulär. Dennoch entfacht es einen kulturellen Anpassungsdruck, der in der Mentalität einer insgesamt eher konservativen Bevölkerung verarbeitet und adaptiert werden muss.

Das gilt erst recht für die katholische Kirche, die über Jahrhunderte für einen anderen Begriff von Ehe eingetreten ist und die Verschiedengeschlechtlichkeit als ein substantielles Element derselben angesehen hat. Die international von großer Sympathie begleitete Veränderung im Recht vieler Staaten stellt für sie eine Herausforderung dar, die über kurz oder lang nicht nur Kommentare und Verurteilungen braucht, sondern auch neue inhaltliche Perspektiven oder wenigstens starke Gründe für das Festhalten, vielleicht aber auch für die Ablehnung und Anders-Handhaben braucht.

Mit kritischen Einwänden, die dabei anfallen könnten, befassen sich die beiden Interviews 6. und 7.

8. Katholische Sexualethik

Wie realistisch sind Hoffnungen auf ein grundlegendes Umdenken in der katholischen Sexualethik und braucht es dieses überhaupt? Das Interview handelt über die Entwicklungen in den letzten Jahrzehnten und weiterhin ungelöste Fragen.

Nach der Aufdeckung zahlreicher Fälle sexuellen Missbrauchs durch Kleriker und innerhalb kirchlicher Einrichtungen wurde von verschiedener Seite die Erwartung oder Hoffnung geäußert, jetzt würde es auch zu einer Neuausrichtung in der kirchlichen Sexualmoral kommen. Was konkret gab Anlass zu solcher Hoffnung?

Das Thema sexueller Missbrauch hat sich wie eine Kaskade entwickelt. Alle Versuche, es einzugrenzen, scheiterten. Einerseits entstand ein großer Vertrauensverlust gegenüber der Institution Kirche und ihren Repräsentanten, andererseits gab es eine tiefe Erschütterung auch im Binnenbereich. Beides generierte die Hoffnung, dass jetzt sozusagen das »Gesamtpaket« Sexualität, Theologie, Kirche und kirchliche Verkündigung neu geschnürt werden kann. Natürlich konnte dies vom Selbstverständnis der Kirche nie heißen, dass die überlieferte Lehre einfach »eingestampft« wird.

Wie realistisch waren dann die Erwartungen auf ein grundlegendes Umdenken überhaupt?

Die realistischen Erwartungen bezogen sich vor allem auf zwei Aspekte: Dass erstens endlich die tatsächlichen Probleme im Themenbereich Sexualität-Kirche-Theologie bearbeitet werden. Denn hier hat es in den letzten zwanzig oder dreißig Jahren einerseits sehr markante Einschärfungen traditioneller Positionen gegeben, andererseits ist die geforderte Bearbeitung vieler vorhandener Probleme ausgefallen. Die zweite realistische Erwartung bezog sich auf den Gestus des ethischen Sprechens in diesem Bereich. In der Vergangenheit geschah hier ethische Orientierung primär mittels Verbotsnormen, die ihrerseits sehr konkret formuliert waren. Viele haben den Eindruck gewonnen, dass diese Orientierungen nicht wirklich hilfreich sind, und wünschen sich einen anderen Sprechmodus. Einen, der die Fragen der Menschen aufnimmt und Denkprozesse anregen kann, der die Adressaten dieses

Sprechens mit ihren biografischen Erfahrungen und den im Leben bewährten Überzeugungen ernster nimmt. Und er sollte insgesamt stärker vom Gestus der Ermutigung und der Bestärkung von Verantwortung geprägt sein – weniger vom Gestus des Verbietens.

Im Frühjahr 2010 hat sich die Arbeitsgemeinschaft der deutschen Moraltheologen unter Ihrem Vorsitz in einer viel beachteten Erklärung verpflichtet, die »vielen ungelösten Fragen im Zusammenhang einer zukunftsfähigen Sexualethik« entschlossen anzugehen. Sie verband dies mit der Erwartung, dass die zuständigen Bischöfe für eine Atmosphäre sorgen, in der diese Arbeit »offen, angstfrei und ermutigend« angegangen werden kann. Herrscht heute eine solche Atmosphäre?

Im Gegensatz zu manchen früheren Erklärungen ist die erwähnte im kirchlichen Binnenraum durchaus beachtet worden. Wir hatten die Erklärung unter anderem auch an den Sonderbeauftragten der Bischofskonferenz, Bischof Stephan Ackermann, geschickt sowie an den Vorsitzenden der Bischofskonferenz, Erzbischof Robert Zollitsch. Auch von dort haben wir das positive Echo erhalten, dass die in der Erklärung angesprochenen Themen ernst genommen und als der Diskussion bedürftig anerkannt werden. Man darf natürlich jetzt auch nicht den Fehler machen zu erwarten, dass es nur Hurra-Rufe und pure Zustimmung gibt. Aber es ist eine Situation entstanden, in der es auf Seiten der Bischöfe und der Verantwortlichen in der Kirche durchaus einige vielleicht noch leise, aber doch ermutigende und nachdenkliche Stimmen gibt, solche, die die offenkundigen Probleme nicht einfach nur schnell abhaken wollen. Hier darf man auch nicht nur auf das öffentliche Sprechen der Bischöfe achten.

Müssten sexualethische Fragen in dem auf vier Jahre angelegten Dialogprozess der Kirche in Deutschland nicht einen noch höheren Stellenwert erhalten?

Niemand sollte schon jetzt sagen, was bei diesem Dialogprozess herauskommt. Er bleibt ein Experiment, weil man mit diesem Instrument noch keine Erfahrung hat. Experimente sind selbstverständlich immer auch riskant. Ob es überhaupt handfeste Ergebnisse geben wird, kann heute noch niemand sagen. Aber den guten Willen zum Gespräch auf allen Seiten zu sehen und sich auch selbst entsprechend zu artikulieren, ist eine ganz wichtige Voraussetzung, um zu einer besseren

Verständigung innerhalb der Kirche überhaupt und gerade bei dem sexualethischen Problemkomplex zu gelangen. Auch ist dieser nur ein Problemkomplex unter vielen angehäuften Problemen. Vielleicht nicht einmal der zentralste, aber auf jeden Fall einer, der viele Menschen bewegt oder bekümmert.

Bundesweit reagierte man verwundert oder verärgert, als Ende Juni eine Tagung der Katholischen Akademie Rottenburg-Stuttgart zum Themenkomplex Sexualität-Theologie-Kirche vom zuständigen Bischof abgesagt wurde – Sie wären einer der Referenten gewesen. Ist diese Absage nicht symptomatisch für eine Atmosphäre, die eben nach wie vor nicht durch Offenheit und Angstfreiheit geprägt ist und in der so die angefallenen Probleme auch nicht bearbeitet werden können?

Ich war über diese Absage schon irritiert, besonders weil sie damit begründet wurde, der Dialogprozess sollte durch diese Tagung nicht schon zu Beginn belastet werden. Wenn man zuspitzen wollte, könnte man sagen: der Dialog sollte nicht durch einen Dialog über Sexualethik gestört werden! Ich hätte den Verantwortlichen sicher von einer Absage abgeraten. Symptomatisch ist sie wohl für die innerkirchliche Situation, die eben alles andere als angstfrei ist. Auch die Verantwortlichen und die Bischöfe selbst reagieren ängstlich auf Drohungen und Meinungsbildungsprozesse, die von interessierter Seite organisiert werden. In jedem Fall war die Absage der Tagung kein gutes Signal für den Dialogprozess in der Öffentlichkeit.

Lassen sich unter den von den deutschen Moraltheologen benannten vielen ungelösten Fragen im Zusammenhang einer zukunftsfähigen Sexualethik diejenigen benennen, deren Bearbeitung ganz besonders wichtig wäre?

Die einzelnen Fragen sind ja nicht alle neu, sondern neu ist, dass man sie nun sozusagen in einem Korb sieht: Das im letzten Jahr bekannt gewordene Phänomen des sexuellen Missbrauchs ist nur ein Teil des gesamten Problemkomplexes von Gewalt und Macht innerhalb von Beziehungen überhaupt und insbesondere mit Anvertrauten. Das Thema reicht in die Seelsorge hinein, in die Erziehung, in die Familien. Diese Fragen haben aber bisher in der offiziellen kirchlichen Sexualethik nur eine Nebenrolle gespielt. Jetzt aber ist die Sensibilität innerkirchlich wie in der Öffentlichkeit durch die Vorkommnisse und deren Aufdeckung sprungartig gewachsen: Wir ahnen, welche Dimensionen dieses

Problem hat, und zwar eben nicht nur in der Kirche, sondern auch in der Gesellschaft. Wir erschrecken auch als Moraltheologen darüber, mit welcher weitgehenden Ahnungslosigkeit wir mit dieser Problematik in der Vergangenheit umgegangen sind.

Welche Themen stehen abgesehen von diesem Problemkomplex Missbrauch noch auf der Agenda?

Die offizielle kirchliche Sexualethik ist sehr Ehe-zentriert und gibt damit nicht automatisch ausreichende Antworten auf den ganzen Fragenbereich der Gestaltung von Sexualität in Beziehungen, die nicht oder noch nicht Ehe sein wollen, aber Verantwortlichkeit bejahen und für gemeinsame Zukunft offen sind; und auch nicht auf das Problem des Scheiterns von Ehen. Sie wird von vielen Menschen als nicht hilfreich empfunden etwa bei ihrer Suche, in einer neuen Partnerschaft Beziehung dauerhafter und verbindlicher zu gestalten. Diese Problembereiche sind zwar schon seit Jahrzehnten bekannt, aber die dafür bereitgestellten Antworten beispielsweise im Katechismus der Katholischen Kirche werden von sehr vielen Menschen als nicht wirklich hilfreich bewertet. Insofern ist für die Moraltheologie jetzt die Stunde, an diesen Stellen weiterzudenken.

In der Außenwahrnehmung der Kirche, aber auch in ihrem Inneren gibt es es an einem Punkt besonders viel Unverständnis für die traditionelle kirchliche Position: die theologisch-ethische Bewertung homosexueller Partnerschaften. Ist sie nicht eine der dringlichsten unter den »ungelösten« Fragen?

Dass sie so dringlich ist, kann man bestreiten, aber symptomatisch ist sie in jedem Fall. Denn hier zeigt sich besonders deutlich eine Kluft: Zwischen dem gesellschaftlichen Ethos einerseits, das sich in den letzten dreißig Jahren weltweit nach der Richtung entwickelt hat, dass homosexuell lebende Partner als erstes Achtung und Respektierung verdienen. Die Forderung nach Respektierung gleichgeschlechtlicher Orientierung und Lebensformen ist ein Phänomen, das vielleicht nicht die ganze Gesellschaft durchzieht, aber doch mit Sicherheit große Teile und über die ganze Welt hinweg. Auf der anderen Seite tritt vor diesem Hintergrund das Festhalten an der bisherigen kirchlichen Positionierung besonders schroff in Erscheinung. Häufig wird die kirchliche Position deshalb geradezu zum Kristallisationspunkt für das

Unverständnis gegenüber einer früheren Sicht auf Homosexualität, die es nicht nur im kirchlichen Denken, sondern auch im Bereich von Medizin und Pädagogik gegeben hat.

Besteht berechtigte Hoffnung, dass sich die kirchliche Position gegenüber Homosexuellen und homosexuellen Partnerschaften in absehbarer Zeit doch noch ändert?

Die wenigsten, die die kirchliche Position heute so heftig kritisieren oder aber umgekehrt zäh verteidigen, kennen sie genau. Denn diese Position hat sich in den letzten zwanzig Jahren verändert, wenn auch eher still. Heute wird in der Kirche ganz offiziell anerkannt, dass es »nicht wenige« Menschen gibt mit einer homosexuellen Disposition, die sie sich nicht selbst gewählt haben und für die sie deshalb auch nicht die Verantwortung tragen. Das ist ein sehr entscheidender Unterschied zur früheren Position, bei der man davon ausging, dass Homosexualität eine selbst gewählte Orientierung sei. Aber es wurde noch eine zweite gravierende Änderung in der kirchlichen Lehre vollzogen: Man nimmt heute wahr, dass homosexuell veranlagte Menschen beiderlei Geschlechts wegen ihrer sexuellen Disposition erheblichen Diskriminierungen ausgesetzt sind. Diesen Diskriminierungs-Mechanismen entzieht man ganz offiziell jede Legitimation und betont ebenso, dass diese Menschen auch in der Kirche nicht diskriminiert und in ihrem Menschsein und in der Wahrnehmung durch andere nicht auf ihre sexuelle Orientierung reduziert werden dürfen.

Homosexuelle Menschen fühlen sich dennoch nach wie vor in der Kirche diskriminiert…

Die beiden neueren Entwicklungen in der kirchlichen Lehre bleiben verbunden mit der Forderung, dass homosexuell orientierte Menschen ihre Homosexualität nicht leben dürfen und sie gar – so der Katechismus – alle in globo berufen seinen zu Keuschheit und Enthaltsamkeit. Das ist die Spannung innerhalb der kirchlichen Position, die manche als Widerspruch, manche als Inkonsequenz empfinden. Ob das Lehramt in seinem zukünftigen offiziellen Sprechen diese dritte Markierung einmal zurücknehmen beziehungsweise abschwächen wird, weiß niemand. Wir kennen immerhin in der moraltheologischen Tradition zwei bemerkenswerte Figuren, die auch hier greifen könnten: Zum einen die Figur der »Überforderung«, nach der eine moralische Verpflichtung dort aufhört, wo das subjektive Können erschöpft ist. Die Fachleute sagen uns, und das deckt sich mit der Alltagsbeobachtung, dass nicht jeder Homosexuelle auf Dauer enthaltsam leben kann. Die zweite moraltheologische Argumentations-Figur hat der Papst selbst in seinem Interviewbuch »Licht der Welt« ins Spiel gebracht, in der so viel beachteten Passage über den Gebrauch von Kondomen. Das Bemerkenswerte hier war nicht die Aussage zum Kondom, sondern der Hinweis auf den ersten Schritt zur Moralisierung, die Figur der Gradualität: Demnach kann es Schritte auf dem Weg zum moralischen Ideal geben und nicht nur eine Entweder-Oder-Logik. Vielleicht wäre es schon viel, wenn in diesem Sinn die Überlegenheit einer verbindlichen gleichgeschlechtlichen Lebensgemeinschaft auf Dauer und mit Anerkennung von Pflichten im Vergleich zu einer völlig unverbindlichen Lebensgestaltung im subkulturellen Milieu offiziell anerkannt würde.

Gilt denn für die kirchliche Sexualmoral insgesamt, dass selbst mit der Kirche hoch identifizierte Gläubige solche Entwicklungen und Veränderungen kaum mehr wahrnehmen, vermutlich weil sie diese als Ganze für sich und die Frage ihres Lebens abgeschrieben haben?

Dieses Risiko besteht ohne Zweifel, und diese Situation kommt ja auch nicht aus heiterem Himmel. Wenn wir theologiegeschichtlich zurückblicken, lässt sich die Bruchstelle ziemlich genau erkennen bei der Veröffentlichung der Enzyklika »Humanae vitae« beziehungsweise bei der Reaktion, die diese im kirchlichen Raum weltweit erfahren hat. Der entsprechende Konflikt ist heute nicht wirklich erledigt und bleibt für viele ein Punkt, an dem die kirchliche Position zur Sexualität ihre Glaubwürdigkeit verloren hat oder zumindest in ihr stark beschädigt wurde.

Provokant gefragt: Warum sollen sich die Gläubigen nicht einfach mit dieser Situation abfinden? Nach dem Motto: Schade, aber offenkundig nicht zu ändern…

Das ist sehr ambivalent. Zum einen geht es bei der Sexualität um einen wichtigen Lebensbereich, bei dem jeder und jede das lebenspraktische Experiment auf die Theorie machen kann beziehungsweise machen muss. Wenn es hier einen Konflikt gibt, ist dieser auch unweigerlich zu spüren. Zum anderen wirkt sich diese tiefe Kluft zwischen kirchenoffizieller Position und dem, was ein Großteil der Gläubigen denkt und praktiziert, auf das kirchliche Sprechen insgesamt aus. Die Erfahrung, dass die kirchliche Position zum Thema Sexualität für viele nicht wirklich hilfreich, nicht orientierend ist, bleibt nicht ohne Wirkung auf die Erwartungen gegenüber dem autoritativen Sprechen der Kirche überhaupt. Das aber ist schade, denn die Ablehnung trifft dann viele andere Bereiche und Angebote zur Orientierung.

Lässt sich eine zentrale Perspektive, so etwas wie ein Leitmotiv benennen, das eine zukunftsfähige Sexualethik auszeichnen soll?

Inhaltlich müssen wir uns noch einmal neu darüber vergewissern, was Sexualität bedeutet und was ihre Funktionen sind. Die starke Fixierung auf den Zeugungszweck, die ja schon im Vorfeld des Zweiten Vatikanums und noch einmal im Zuge der Erarbeitung von »Gaudium et spes« sowie in der ganzen Folgezeit immer wieder diskutiert wurde, ist einfach zu eng. Diese Fixierung entspricht auch nicht dem, was wir von wissenschaftlicher Seite über die Sexualität und ihre Funktionen wissen.

Wie würde sich ein offeneres, nicht so auf die Zeugung fixiertes Verständnis von Sexualität auf die Bearbeitung der vielen ungelösten Fragen einer zukunftsfähigen Sexualethik konkret auswirken?

Ein erstes Stichwort wäre hier die Multifunktionalität der Sexualität: Es müssen nicht immer alle Ziele intentional gleichzeitig angestrebt sein, das überfordert die Sexualität. Ein zweites Stichwort hat schon das Zweite Vatikanum der ganzen Ehe-Lehre mit auf den Weg gegeben, es betrifft den Umgang mit der Sexualität insgesamt und richtet sich auf alle menschlichen Beziehungen: nämlich die Personalisierung. Sexualität muss künftig viel stärker gesehen werden als Ausdrucksform, als Medium dessen, was im Neuen Testament Liebe genannt wird. Herkömmlich stand sie allenfalls für eine körperliche Sonderform dieser Liebe. Und schließlich sollten wir nicht so über Sexualität und ihre Gestaltung reden, als ob es nur um einzeln isolierte Akte ginge. Anders als in der Vergangenheit muss heute das Nachdenken über Sexualität diese viel stärker in ihrer Rolle für, in ihrer Einbettung in Beziehungen verstehen. Es sollte also nicht über einzelne detaillierte sexuelle Handlungen gesprochen werden, sondern über die Qualität und Anforderungen von Beziehungen. So kommt dann auch die symbolische Bedeutung der Sexualität unter Menschen in den Blick.

Geht es damit nicht doch um so etwas wie eine Totalrevision der traditionellen Lehre? Oder umgekehrt: Was ließe sich von traditionellen Sexuallehre retten?

Von »retten« möchte ich nicht sprechen. Es geht um das Festhalten an den Grundvisionen, die auch die traditionelle Lehre transportieren will: Zuerst die, dass man sich auf eine Beziehung mit einem Partner einlassen kann, ohne die Angst zu haben, sich aufgeben zu müssen, sich zu verlieren; und dass man sich ermächtigt fühlen darf zu einer Verbundenheit und Verbindlichkeit, die nicht zeitlich begrenzt ist. Die zweite dieser Grundvisionen betrifft das Grundvertrauen, dass auch wenn beide Akteure in ihrer emotionalen Möglichkeit begrenzt sind, sie doch ihre Beziehung so verlebendigen können, dass mit Enttäuschung, mit Verletzung umgegangen werden kann und diese überwindbar sind. Und schließlich: Die Hoffnung, dass man gemeinsam so stark ist, etwas Neues, etwas Dauerhaftes beginnen zu können, dass ein gemeinsames, wie man heute oft etwas technisch sagt, »Projekt« realisiert werden kann, das mehr ist als das Gefühl, das die Partner momentan füreinander haben. Das mag eine Familie sein oder etwas anderes, was man gemeinsam aus der Beziehung heraus schafft. Diese drei Visionen oder Hoffnungen finden wir im Übrigen auch in sehr vielen Suchbewegungen wieder, die sich von der Sexualmoral der Kirche distanzieren. Aber es ist entscheidend, dass diese Grundvisionen positiv übergebracht werden als Möglichkeitsgestalt von Freiheit und nicht in Form von detaillierten Verboten.

Wie könnte sich die Kirche dennoch gegenüber solchen Suchbewegungen wieder ins Spiel bringen?

Indem sie diese im menschlichen Wesen grundgelegte Sehnsucht in der Gesellschaft wachhält, zu ihr ermutigt, wohl wissend, dass man ihr nur annäherungsweise und in endlicher Weise genügen kann. Die Kirche kann aber auch diese Vision in vielen Gemeinschaften exemplarisch vorleben, vielleicht aber auch praktisch zu ihrer Realisierung Hilfen geben, etwa in den von ihr unterhaltenen Beratungsstellen.

An welcher Stelle aber muss die kirchliche Sexualethik dann wirklich neu gedacht werden?

Man kann nicht erwarten, dass jetzt eine Linie gezogen wird, hinter der es alles zu revidieren gilt. Aber sicher muss sich die Art des Sprechens ändern, die Art der Wahrnehmung, die Art der Kommunikation; und der Umgang mit dem Scheitern beziehungsweise mit den Menschen, die Scheitern ertragen müssen. Dabei muss berücksichtigt werden, dass Beziehungen heute unter viel schwierigeren Außerbedingungen gelebt werden müssen, strapaziöser und komplizierter sind als in früheren Zeiten. So sind heute beispielsweise viele junge Leute gezwungen, ihre Beziehungen als Fernbeziehungen aufrechtzuerhalten. Und in der stressigen Leistungsgesellschaft erwarten die meisten von ihner Beziehung, dass sie sozusagen eine Gegenwelt der Privatheit, der individuellen Gestaltung und des gemeinsamen Glücks schafft. Auch funktioniert das Arrangement zwischen den Geschlechtern heute nicht mehr ohne weiteres; auf die Geschlechtertypologien früherer Generationen kann man nicht mehr zurückgreifen, ein Großteil dieser Arrangements muss erst jeweils ausgehandelt werden – bis in die Alltäglichkeiten des gemeinsamen Haushaltes hinein.

Von Seiten der Kirche und ihrer Verantwortlichen wird immer wieder vor einer Banalisierung der Sexualität in der liberalen Gesellschaft gewarnt. Zu Recht?

Das Stichwort Banalität lässt sich zweifach verstehen. »Banalität« kann der Abgrenzungsbegriff sein zu denen, die nicht willens sind, sich um die kirchlichen Standards und offiziellen Positionen zu kümmern. Dann steht diese Warnung vor der Banalisierung für eine Kulturkritik aus kirchlicher Perspektive. Das aber kehrt sozusagen die Rechtfertigungslast um. Die kirchliche Position ist dann die richtige. »Banalität« kann aber auch dafür stehen, dass in unserer Gesellschaft Sexualität häufig nur auf den Geschlechtsakt, die Befriedigung des Triebs reduziert wird und die ganze emotionale und geistige »Arbeit«, die mit einer Beziehung verbunden ist, ausgeblendet wird, als könne man auf sie als Mensch ohne weiteres verzichten. Hierfür gibt es viele Beispiele in unserer Gesellschaft, die diese Analyse unterstützen: von der Prostitution und Pornografie und besonders der im Netz frei verfügbaren Kinderpornografie angefangen über Sextourismus und Menschenhandel bis hin zur alltäglich geschehenden Gewalttätigkeit im Bereich von Sexualität und zu den zahllosen Grenzverletzungen. Derartige Phänomene der Banalisierung im Sinn von Verdinglichung und Verrohung gibt es also unbestritten. Und deshalb bleibt die richtige

Gestaltung der Sexualität ein wichtiger Bereich der Lebensführung und ein wichtiges Thema der Ethik.

Leistet, wie immer wieder etwa im Blick auf die 68er Jahre behauptet wird, eine zu liberale Gesellschaft diesen Phänomenen Vorschub?

Jedenfalls kann man sicher nicht sagen, dass durch die Deregulierung der engen Moralmaßstäbe der fünfziger und sechziger Jahre sozusagen eine glückliche Gesellschaft entstanden sei, in der die Sexualität frei ausgelebt und dabei gleichzeitig erreicht worden ist, die Gewalt und die Verletzungen aus diesem Bereich zu verbannen. Das war ja einmal eine Vision der 68er Jahre, die seinerzeit auch eine gewisse Plausibilität hatte. Die berechtigte Kritik daran darf aber keinen falschen kulturkritischen Zungenschlag erhalten.

Die Fragen stellte Alexander Foitzik. Das Interview erschien in der Herder Korrespondenz 65 (2011), 448–452.

* Für eine vertiefte Auseinandersetzung mit dieser komplexen Problematik s. u.a. den von mir herausgegebenen Diskussionsband Zukunftshorizonte katholischer Sexualethik, Freiburg i. Br. 2011.

9. 50 Jahre Enzyklika Humanae vitae

Ist es zu hoch gegriffen, wenn man sagt, die Enzyklika Humanae vitae hat vor 50 Jahren eingeschlagen wie eine moraltheologische Bombe?

Ich mag das Bild von der Bombe nicht sonderlich, weil Bomben Leben zerstören wollen. Und in der Enzyklika geht es eigentlich ums Gegenteil.

Aber was den Effekt in der kirchlichen Öffentlichkeit betrifft, war das Erscheinen der Enzyklika schon ein Paukenschlag: Das Echo war enorm, und zwar weltweit. Das war ja ein Thema, das die Leute direkt betraf, und zwar ganz existentiell. Und es betraf auch die Seelsorger, die die Nöte der Leute kannten. Die Erwartungen und Hoffnungen vor allem bei diesen beiden kirchlichen Gruppen waren andere gewesen – das Thema war ja nicht neu (2. Vatikanum!). Dazu kam erschwerend, dass sich der Papst über die Empfehlung seines eigenen Beratergremiums hinweggesetzt hatte. Das war aus der Presseberichterstattung bekannt.

Wie kann man sich den Sturm vorstellen, den die Enzyklika vor dem Hintergrund der damaligen gesellschaftlichen Veränderungen (Vietnam-Krieg, Prager Frühling, 68er Bewegung) hervorgerufen hat?

Der Sturm war vor allem und zunächst ein innerkirchlicher Vorgang. Daran waren viele Bischöfe, Theologen, Pfarrer, Mediziner, Verbände und große Teile der Gläubigen beteiligt. Da wurde z.B. nach der Tragfähigkeit der Begründungen gefragt (»Natur«), nach der Verbindlichkeit von Tradition, aber auch danach, ob die Erfahrungen von Millionen von Eheleuten nichts wiegen und ob der Papst überhaupt eine so spezielle Angelegenheit wie die Methode der Empfängnisverhütung beurteilen könne.

Das alles fand 1968 statt. Das war sicher ein sehr aufregendes und unruhiges Jahr. Aber die Reaktion auf Humanae vitae war nicht ein Ergebnis dieser Unruhen und schon gar nicht eine Folge der 68er-Bewegung, auch wenn dann etwa auf dem Essener Katholikentag im September bestimmte Formen des öffentlichen Protests adaptiert wurden. Die Reaktion auf Humanae vitae war eher eine Spätfolge des 2. Vatikanischen Konzils und der von ihm geweckten Hoffnungen, dass die Kirche sich wandeln und der Gegenwart etwas Positives abgewinnen könne.

Welche Bedeutung hat die Enzyklika für die katholische Kirche und ihre Gläubigen allgemein?

Die Enzyklika hat bei ihrem Erscheinen Unruhe, Auseinandersetzungen und Konflikte entstehen lassen, die ans Mark gingen und die die katholische Kirche in den letzten 150 Jahren so nie zuvor erlebt hatte. Deshalb haben ja die deutschen Bischöfe und viele anderen Bischofskonferenzen auf der Welt sehr bald Erklärungen verabschiedet, die darauf zielten, die Lage im Kirchenvolk zu beruhigen (für Deutschland die sog. Königsteiner Erklärung). Aber es hat natürlich weitergebrodelt und die Enzyklika ist zum Gegenstand sehr grundsätzlicher Konflikte geworden, die manchen Theologen das Amt gekostet haben.

Es ist, glaube ich, nicht falsch zusagen, dass die Enzyklika in den folgenden Jahren und Jahrzehnten zum entscheidenden Bezugstext (man könnte sagen: zum Rückgrat) aller offiziellen Verlautbarungen der katholischen Kirche zu den Themen Ehe, Familie, Sexualität und später auch der Bioethik geworden ist. Und dass dieser Text die Messlatte für vieles war, auch für die Eignung eines Kandidaten für das Bischofsamt oder die Zustimmung zu einem neuen Professor. Insofern war sie auch ein bedeutender Faktor der Kirchenpolitik.

Was gibt die Enzyklika den Gläubigen heute noch vor?

Zunächst einmal ist die in Humanae vitae eingenommene Position zur Empfängnisverhütung bislang nie zurückgenommen worden.

Was man allenfalls sagen könnte, ist, dass die Frage beim jetzigen Papst Franziskus nicht so im Vordergrund steht wie bei Papst Johannes Paul II., dem diese Position ganz wichtig war und der die Empfängnisverhütung gerne in eine Reihe mit Abtreibung und Abtreibungsmentalität gestellt hat. Der jetzige Papst hat sich in dem Schreiben, in dem er die Ergebnisse der Familiensynode zusammengefasst hat, dahingehend geäußert, dass er das Prinzip der verantwortlichen Elternschaft bekräftigt und zur Anwendung der Methoden, die auf den natürlichen Zeiten der Fruchtbarkeit beruhen, »ermutigt«. Das ist faktisch eine vorsichtige Relativierung, wenn man will.

In diesem Zusammenhang darf man aber auch daran erinnern, dass auch die Königsteiner Erklärung der deutschen Bischöfe nie zurückgenommen wurde, obschon es von römischer Seite Anstrengungen gegeben hat, das zu erreichen. In dieser Erklärung wurde den Gläubigen schon sehr früh zu verstehen gegeben, dass an der abweichenden Praxis nicht ihre Loyalität zur Kirche zerbrechen muss, sondern dass sie dem gründlichen Urteil ihres eigenen Gewissens verpflichtet sind.

Eine zentrale Forderung der Enzyklika besteht in der Behauptung, jeder eheliche Akt, der absichtlich unfruchtbar gemacht werde, sei ein in sich unsittlicher ehelicher Akt. Pille und Kondom werden demnach abgelehnt – aus heutiger Sicht schwer nachvollziehbar. Hat die katholische Kirche nicht vorausschauend genug gedacht?

Ich glaube eher, dass die entscheidende Schwäche an dieser Behauptung das enggeführte Verständnis von Sexualität ist. Sexualität besteht ja nicht aus einer Abfolge von einzelnen Geschlechtsakten, die jeweils isoliert zu sehen und zu bewerten sind, sondern sie ist eine lebendige Beziehung, die verschiedene Ausdrucksformen umfasst, die Partner miteinander austauschen. Fruchtbarkeit und gemeinsame Kinder sind zweifellos sehr qualifizierte und anspruchsvolle Formen dieses Austauschs. Aber Sexualität hat darüber hinaus noch andere wichtige Funktionen, etwa Bindung, Kommunikation und Identität, Sich bejaht fühlen dürfen und so weiter. Von jedem einzelnen Geschlechtsakt Offenheit für ein Kind zu erwarten oder zu verlangen, ist schlicht jenseits der Lebenswirklichkeit.

Was der Papst mit dieser Formel aber vielleicht funktional angezielt hat, ist, dass Sexualität nicht zu etwas Bedeutungslosem, Banalem werden soll, wenn sie einfach nur noch als Konsumgut betrachtet wird. In diesem Anliegen jedenfalls hat er Zustimmung von anderer Seite (z.B. Max Horkheimer) bekommen.

Es wird beschrieben, dass der Papst Paul VI. nach innerem Ringen unterschrieben hat. Zuvor hatte sich eine Studienkommissionen, der neben Theologen auch Mediziner, Psychologen, Biologie, Sozialwissenschaftler und auch einige Ehepaare angehörten, für die Pille und andere Verhütungsmittel ausgesprochen. Eine Bischofskommission bestätigte diese Entscheidung. Warum hat der Papst die Enzyklika doch unterschrieben?

Man weiß heute genau, dass der entscheidende Grund für Papst Paul VI., die Entscheidung so zu treffen, wie er es getan hat, die Kontinuität und die Festigkeit der kirchlichen Lehre war. Es gab ja aus der Vergangenheit bereits Äußerungen von Päpsten zur Nutzung der empfängnisfreien Tage, insbesondere die Eheenzyklika Pius XI. von 1930. Einflussreiche Bischöfe hatten dem Papst glaubhaft machen können, dass sich die kirchliche Doktrin und mit ihr die päpstliche Autorität gehörig blamieren würden, wenn jetzt etwas für erlaubt erklärt würde, was jahrzehntelang als verboten gegolten hatte. Das ist ein grundlegendes Problem der katholischen Kirche, wenn man Lehrsätze, die unter bestimmten geschichtlichen und gesellschaftlichen Bedingungen formuliert wurden, als für immer gültig und in Stein gemeißelt betrachtet.

Zwei Fragen, die mit der Enzyklika verbunden sind, lauten: »Was ist Zweck und Sinn menschlicher Sexualität?« und »Stellen technische bzw. medizinische Eingriffe des Menschen wie Empfängnisverhütung illegitime Ausdehnungen menschlicher Herrschaft in Gottes Plan und Ordnung dar?« Wie würden Sie in einfachen Worten beschreiben, wie diese Fragen beantwortet werden?

Auf die Frage nach Zweck und Sinn menschlicher Sexualität würde ich antworten: Menschliche Sexualität ist – im Unterschied zur tierischen – eine besonders intensive und privilegierte Weise, wie sich zwei Individuen, also ganz bestimmte und für einander nicht austauschbare Menschen, nahe sein und miteinander verbunden sein können – mit ganzem Einsatz, vorbehaltlos und ohne die Angst, den Anderen gleich wieder zu verlieren. Solidarisch und so zukunftsreich, dass man es irgendwann auch wagen kann, miteinander Kinder zu haben.

Auf die andere Frage würde ich antworten: dass Gott den Menschen genau so geschaffen hat, dass der mit Vernunft sein Handeln verbessern und immer besser steuern kann. Der Mensch, der seine Vernunft benutzt und lernt, die Vorgänge in seinem Körper und in der Natur zu gestalten, ist nicht von vornherein ein Konkurrent und Gegenspieler Gottes, sondern eher ein Partner, jedenfalls solange er das verantwortungsvoll, d.h. überlegt und rücksichtsvoll, tut.

Diese zweite Problematik stellt sich heute nicht nur bei der Empfängnisverhütung, sondern noch viel deutlicher bei der Überwindung der Unfruchtbarkeit mithilfe der Fortpflanzungsmedizin. Insofern haben wir da eine beträchtliche Verschiebung im Vergleich zu vor fünfzig Jahren.

Die Fragen wurden von einem Redakteur des Deutschlandsfunks gestellt. Das Interview wurde im Rahmen der Sendung Deutschlandfunk Kultur am 29.07.2018 gesendet.

* Für eine vertiefte Auseinandersetzung s. u.a. die Beiträge in dem von mir gemeinsam mit Sigrid Müller herausgegebenen Band Humanae vitae – die anstößige Enzyklika. Eine kritische Würdigung, Freiburg i. Br. 2018.

Zu 8. und 9.: Kontext und Verlauf der Debatte

Unter allen Moralagenturen hat die katholische Kirche in den letzten Jahrzehnten in der Öffentlichkeit wohl am meisten an Autorität und Prestige eingebüßt. Und das maßgeblich wegen der in amtlichen Äußerungen und Dokumenten dargelegten bzw. eingeforderten Sexualmoral. Die vor allem wird als »überholt«, »nicht mehr zeitgemäß«, »rigoristisch«, streng, über-ideal, die Menschen, die an ihr scheitern, diskriminierend oder sogar als exkludierend gescholten. Dass derlei Pauschalurteile weder der kulturellen Erziehungsarbeit der Kirchen und ihrem historischen Widerstehen gegen starke Einflüsse gnostischer und asketischer Strömungen noch dem aktuellen Stand der Überlegungen in der theologischen Ethik gerecht werden, steht auf einem anderen Blatt und ist für jeden gutwilligen Betrachter, der die Materie genauer kennt, ziemlich klar. Die Eindeutigkeit und Geschlossenheit der kritisierten Matrix ist ein Reflex der Eindeutigkeit und Geschlossenheit, die vom kirchlichen Amt seit der Mitte des 19. Jahrhunderts gelehrt und spirituell verbrämt abverlangt wurde. Vor allem mit der Enzyklika *Humanae vitae* von Papst Paul VI. wurde der Kern dieser Lehre über die Sexualität gegen theologische Strömungen, die sich, gestützt auf Erfahrungen aus der Seelsorge, Ergebnisse der sog. Humanwissenschaften und auch alternative Akzente in der eigenen theologischen Tradition, nachdrücklich für Reformen eingesetzt haben, revitalisiert und zum maßgeblichen inhaltlichen Referenzpunkt der Beantwortung neu aufgekommener Fragen gemacht und mit disziplinären Mitteln durchzusetzen versucht, ohne dass dies je zur Gänze gelungen ist. Ein Gutteil der Probleme, mit denen sich Kirche und Theologie heute unter Einbuße von viel Ansehen auseinandersetzen müssen, wie die Verurteilung von Homosexualität, vorehelicher Sexualität, der Umgang mit dem Zerbrechen von Beziehungen und der Gestaltung des Danachs, aber auch die grundsätzlichen Vorbehalte gegen die Frau und die dominanz- und gewalthaltige Praxis sowie manche Verdeckungsmechanismen beim Missbrauch haben Wurzeln und legitimatorische Bezüge zu der in *Humanae vitae* beschworenen und als im Willen

Gottes verankert verstandenen strikten Bindung von Sexualität an Ehe und Fortpflanzung.
Das erste der beiden Interviews befasst sich mit dem seit dem Bekanntwerden der Missbrauchsfälle von Klerikern auf allen Ebenen kirchlichen Handelns für notwendig gehaltenen Umdenken in der katholischen Sexualethik. Das zweite gilt der Wirkung, die das Dokument *Humanae vitae* in den letzten fünf Jahrzehnten in der Kirche, bei den Gläubigen und in der Kirchenpolitik gehabt hat. Darin geht es dann aber auch um die Signale der Öffnung, die Papst Franziskus mit der Bischofssynode zur Familienpastoral und dem anschließenden Schreiben *Amoris laetitia* setzen wollte. Und schließlich auch um ein Grundproblem, das alle Auseinandersetzungen um ethische Streitfragen in Kirche und Theologie seither wie ein roter faden durchzieht, nämlich die Frage, ob und inwieweit im Zuge der Weiterentwicklung der Lehre Neuerungen und Korrekturen – und seien sie noch so sanft – im Gegensatz zu früheren Positionen stehen müssen oder aber deren organische Fortbildungen sein können. Diese Frage ist auch im innerkirchlichen Ringen um die Zukunftsfähigkeit der kirchlichen bzw. sogar der christlichen Sexualethik inzwischen vielleicht der entscheidendste Punkt geworden. Er durchzieht auch die aktuellen Versuche zu einer Reform (»Synodaler Weg«).

10. Reproduktionsmedizin

Was macht ein katholischer Theologe in einer wissenschaftlichen Arbeitsgruppe zum Thema Fortpflanzungsmedizin?

Es handelt sich bei der Arbeitsgruppe nicht um irgendeine Arbeitsgruppe, sondern um eine der Nationalen Akademie Leopoldina. Deren Aufgabe besteht nicht darin, Bestimmungen zu ändern, sondern dynamische Entwicklungen in Forschung und Technik zu beobachten, auf gesellschaftliche Verträglichkeit zu achten, Regelungsbedarf an die Adresse der Politik anzumelden sowie die Öffentlichkeit aufzuklären. Ich war als Mitglied dieser Arbeitsgruppe nicht entsandt von irgendeiner Gruppe oder in diesem Fall von meiner Kirche, sondern berufen als Sachverständiger aus dem Bereich der theologischen Ethik auf der Grundlage meiner bisherigen Arbeiten.

Wie hat sich die Katholische Kirche zur Frage nach dem Beginn menschlichen Lebens und der Schutzwürdigkeit des Embryos positioniert?

Es ist ja bekannt, dass für die Katholische Kirche der Lebensschutz ein zentrales Anliegen ist. Vor allem der Lebensschutz an den Rändern. Vereinfacht formuliert lautet ihre Position: Lebensschutz »von Anfang an« oder vielleicht besser: Lebensschutz auch schon am Anfang; Anfang heißt in diesem Fall auf jeden Fall: vorgeburtlich.

Worauf baut diese Position theologisch auf?

Historisch hat sich diese Position als Bestreitung des römischen Rechts herausgebildet, wonach erst der vom Vater akzeptierte Säugling als voll schützenswert galt. Dem gegenüber vertraten die christlichen Theologen schon früh und mit Nachdruck den Standpunkt, dass es sich schon vor der Geburt und während der Schwangerschaft um einen vollen Menschen handle. Zugrunde lag die Überzeugung, dass Gottes Schöpferkraft schon während der Schwangerschaft, ja schon bei der Zeugung mit am Werke ist. Dazu gibt es dann auch ein paar wenige Bibelstellen, in denen das eindrucksvoll ins Bild gebracht ist. Etwa der Psalm 139, wo für die Entstehung und das vorgeburtliche Wachstum des Menschen das Bild vom Fertigen eines Gewebes benutzt wird, ein sehr modernes Bild, das ja auch etwas über Entstehungsprozesse und Muster aussagt.

Wie stehen Sie als Wissenschaftler zu dieser Frage?

Im Prinzip finde ich das plausibel, wie übrigens die meisten Menschen. Jeder, der bei den eigenen Kindern schon einmal eine Schwangerschaft aus nächster Nähe miterlebet hat, weiß doch: Da ist schon weit vor der Geburt etwas Neues da, was nicht nur in die Körperlichkeit der Mutter eingreift, sichtbar, und die Lebensgewohnheiten verändert, sondern auch seelisch und sozial eine ganz reale Bezugsgröße wird im Denken, im Planen der Zukunft, im Fühlen und Sorgen. Es entsteht gleichzeitig mit dem, was sich im Leib entwickelt, eine neue Beziehung, und manchmal benutzen die Eltern in ihren Gesprächen über und mit dem Kind einen Code-namen. Worüber man natürlich streiten kann, ist jedoch, was »von Anfang an« exakt heißt. Und da gibt es recht unterschiedliche Vorstellungen. Alle diese gründen sich heute auf die Interpretation naturwissenschaftlicher Beobachtungen. Je nachdem nehmen sie dann die Zeugung, die Nidation, die Ausbildung des Organplans, die Lebensfähigkeit außerhalb des Mutterleibs oder die Geburt als entscheidenden Ausgangspunkt. Sehr vergröbert gibt es folglich die Position, die vor diesem Hintergrund einen rigorosen Lebensschutz von Anfang an verlangt, und Positionen, die von einem zunehmenden Lebensschutz ausgehen, der in Relation mit der biologischen Entwicklung fortlaufend dichter wird. In unserer Stellungnahme haben wir darauf hingewiesen, dass in den letzten 20, 30 Jahren dieser Streit um den sogenannten moralischen und dann auch rechtlichen Status des Embryos nicht einvernehmlich gelöst werden konnte und dass in den vergangenen Jahren kein entscheidend neues Argument in die Debatte eingeführt wurde. Deshalb haben wir empfohlen, die Diskussion, die sich bislang auf die Statusfrage konzentriert hat, zu öffnen hin auf die sozialethisch, demokratieethisch und politisch zentrale Frage, wie die Gesellschaft angesichts dieser gegensätzlichen Grundpositionen mit dieser Differenz leben kann, ohne einfach die eine oder die andere Seite für unmaßgeblich zu erklären. Das scheint mir auch schon in der bisherigen Rechtsgestaltung einigermaßen gelungen. Sie ist zwar nicht der strikten Position des Lebensschutzes gefolgt, aber sie steht auch entschieden im Widerspruch zu der Position, dass der Lebensschutz erst mit der Geburt beginnen solle und die Entität, die sich entwickelt, vor der Geburt sozusagen nichts ist, was mit dem Menschen zu tun hat.

Würden Sie die Einschätzung teilen, dass es aus christlicher Sicht erforderlich ist, die Fragen, die sich aus der modernen Fortpflanzungsmedizin ergeben, umfassend gesetzlich zu regeln?

Ich würde nicht in erster Linie die christliche Sicht als den Grund nennen wollen, der eine zusammenfassende Regelung notwendig macht. Es gibt vielmehr ein ganz praktisches Bedürfnis nach zusammenhängender Behandlung, und das geht zunächst vom medizinischen Betrieb aus. Der Arzt hat nicht Jura studiert, sondern Medizin, und er hat praktische Kenntnisse im Umgang mit Menschen und Kranken erworben. Insofern ist es etwas unfair, wenn die Gesellschaft ihm zumutet, die Regelungen und die Auslegung der auf viele unterschiedliche Gesetzeswerke verteilten Bestimmungen zur Reproduktionsmedizin vollständig zu kennen und entsprechend auslegen zu können. Hier wäre es wesentlich besser, er würde ein einziges und dazu sehr transparentes Regelwerk an die Hand bekommen. Hinzu kommt auch das Bedürfnis nach Stimmigkeit unter den bisher auf verschiedene Gesetze verteilten Bestimmungen. Die sind nämlich nicht immer konsistent, und schon gar nicht stimmen sie überein mit den Begriffen von Familie und von Partnerschaft, wie sie in der jüngeren Rechtsprechung und in der allgemeinen Rechtsauffassung heute zugrunde gelegt werden. Ein drittes Motiv, das für eine zusammenhängende Regelung spricht, ist schließlich der sogenannte Reproduktionstourismus in Länder wie die Ukraine, Tschechien, USA oder andere Länder. Der Grund dafür liegt darin, dass es dort weniger restriktive Regelungen gibt als in Deutschland und viele deutsche Bürgerinnen und Bürger der Meinung sind, dass ihnen der deutsche Staat nicht verwehren könne, was in anderen Ländern legal sei, und deshalb in diese Länder reisen und bestimmte hierzulande verbotene Methoden der Reproduktionsmedizin in Anspruch nehmen, und anschließend wieder zurückkommen mit dem geborenen und amtlich registrierten Kind. Das ist dann auch für die deutsche Rechtssituation keine einfache Angelegenheit. Hier haben die Gerichte zwar in den letzten Jahren meistens zugunsten der Eltern und ihrer Kinder entschieden, doch wäre es besser, es gäbe eine für alle geltende gemeinsame Regelung.

Die Arbeitsgruppe der Leopoldina positioniert sich in der Stellungnahme für den sogenannten Elective Single-Embryo-Transfer, bei dem bewusst eine größere Anzahl von Embryonen hergestellt wird, aus denen nur der mit den besten Entwicklungschancen ausgewählt und der Frau übertragen wird. Dabei entstehen jedoch in aller Regel sogenannte überzählige Embryonen. Ist dieses Vorgehen ethisch vertretbar und wie soll dann gegebenenfalls mit den anfallenden überzähligen Embryonen umgegangen werden?

Es stimmt, dass beim elektiven Single-Embryo-Transfer überzählige Embryonen entstehen, und zwar sehenden Auges und sozusagen geplant. Aber das ist nur die *eine* Seite. Die *andere* Seite ist, dass statistisch erwiesen ist, dass es bei dieser Methode zu erheblich weniger Risiko-Schwangerschaften und auch zu weniger Spontanabgängen kommt. An dem ethisch begründeten Ziel, dass möglichst wenig Embryonen erzeugt werden, dass keine auf Vorrat angelegt werden und keine für andere Zwecke, wird in unserer Stellungnahme ohne Abstriche ausdrücklich festgehalten. Insofern geht es in meinen Augen um ein besseres und schonenderes Verfahren unter sonst gleichen Zielvorgaben.

Wie weit soll die Fortpflanzungsmedizin gehen dürfen? Gibt es auch Fälle, in denen es besser wäre, auf die Erfüllung eines Kinderwunsches zu verzichten, als um jeden Preis mit medizinischen Mitteln eine Schwangerschaft herbeizuführen?

Ja, solche Fälle scheint es zu geben. Die Ermöglichung von Kinderwünschen für Paare, die schon ziemlich in die Jahre gekommen sind, oder für Paare, wo der eine Partner schon vor Jahren gestorben ist, oder für solche Paare, die schon viele Versuche erfolglos durchlaufen haben, ist das sicher sehr problematisch. Aber ein Problem ist, ob und wie weit man die Fälle, für die das nicht empfehlenswert ist, so allgemeingültig festlegen kann und durch gesetzliche Verbote nachdrücklich bewehren kann. Die Frage des Verzichts ist im konkreten Fall immer auch eine sehr individuelle Angelegenheit. Und auch deshalb ist Beratung so eine wichtige Sache. In der Medizin ist »um jeden Preis« eigentlich immer ein problematischer Rat. Und wichtig ist sicher auch darauf zu bestehen, dass niemand in eine reproduktionsmedizinische Behandlung hineingezwungen wird oder sich hineingenötigt fühlt. Deshalb meine ich auch, dass der Verzicht eine Option sei, die in allen Fällen, wo Paare die Inanspruchnahme reproduktionsmedizinischer Hilfe erwägen, in Betracht gezogen werden muss.

Mit reproduktionsmedizinischen Maßnahmen wird auch sehr viel Geld verdient. Wann geht eine Kommerzialisierung zu weit, und wie kann in diesem Fällen gegengesteuert werden?

Bezahlung ist stets ein heikler Punkt. Zunächst möchte ich grundsätzlich sagen, dass Medizin in unserem Gesellschaftssystem so organisiert ist, dass mit ihr auch Geld verdient werden kann und auch wird, und zwar nicht wenig. Unsere Stellungnahme macht aber immer wieder – wenn ich recht gezählt habe sieben Mal – die Unterscheidung zwischen kommerziell und der Möglichkeit einer Aufwandsentschädigung. Der Unterschied besteht darin, dass eine Aufwandsentschädigung staatlich oder durch eines vom Staat lizenziertes Gremium vorgegeben und für alle gleich ist. Das bedeutet negativ gesagt, dass die Bezahlung nicht auf dem Markt ausgehandelt wird. Es geht also bei diesem Vorschlag auch um eine deutliche Grenzmarkierung derart, dass Gameten, Embryonen, Kinder, Schwangerschaft nicht Gegenstand von Geschäften sein dürfen, also nicht als Waren und Dienstleistungen behandelt werden dürfen, die gegen Geld getauscht werden dürfen. Bezahlt werden dürfen im Rahmen einer Aufwandsentschädigung allenfalls medizinische Aufwendungen für Untersuchungen, für Erholung und Wiederherstellung nach der Übernahme von Strapazen. Das ist mit »angemessener« Aufwandsentschädigung gemeint.

Die Fragen stellte Johannes Mengel von der Leopoldina am 9.5.2019. Das Interview ist in Teilen auf der Homepage der Leopoldina zum Thema Reproduktionsmedizin aufrufbar.

* Bezug genommen wird auf das umfangreiche Dokument »Fortpflanzungsmedizin in Deutschland – für eine zeitgemäße Gesetzgebung« der Nationalen Akademie der Wissenschaften Leopoldina und der Union der deutschen Akademien der Wissenschaften, Halle 2019. Zur Problematik s. auch meine Beiträge: Fortpflanzungsmedizin neu regulieren. Zu einem Eckpunktepapier der Leopoldina (in: Stimmen der Zeit 144[2019] 623–631) und Reproduktionsmedizinische Möglichkeiten im Spannungsfeld von Kinderwunsch, kirchlicher Lehre und Beratung (in: Münchener Theologische Zeitschrift 71 [2020] 211–224)

11. Leihmutterschaft

Was macht eine gute Mutter aus?

Ich glaube, dass die Antwort für die verschiedenen Phasen von Mutterschaft unterschiedlich ausfallen muss:

In der Schwangerschaft gehört dazu sicher, dass man sich und seine Lebensgewohnheiten auf das erwartete Kind abstellt, dass man auf seine Gesundheit und die des Kindes achtet; dass man sich vorbereitet auf die Zeit und die Umstellungen nach der Geburt, dass man ganz viel in sich hineinhorcht und gefühlsmäßig schon das Gespräch mit dem Kind aufnimmt.

Wenn das Kind dann da ist, wird eine gute Mutter alles daransetzen, dass es optimal umsorgt wird, dass es sich angenommen und getröstet erfahren darf, wann immer es das braucht, dass es gepflegt, geschützt und ermuntert wird. Und das bedingungslos und ohne zeitliches Limit.

In den späteren Jahren werden Erziehen und Fördern wichtiger. Eine gute Mutter wird aber immer auch Obdach für die Seele ihres Kindes sein, jemand, der Anregungen gibt, Fähigkeiten entdeckt, die Welt erklärt, das Kind gemeinschaftsfähig macht. Sie teilt sich diese letzteren Aufgaben mit dem Vater. Beide müssen auch vorzu lernen, den Eigenwillen und den Wunsch nach Abstand aufseiten des Kindes zu respektieren.

Wie steht die Kirche zu Leihmutterschaft?

Die katholische Kirche hat sich in der Vergangenheit ziemlich ablehnend zu allen Methoden der Reproduktionsmedizin, die Leihmutterschaft eingeschlossen, geäußert. Ihr Haupteinwand war die Auftrennung zwischen dem Liebesakt und der Zeugung.

Die ausführlichen Stellungnahmen dazu liegen allerdings schon einige Zeit zurück. Sie stammen aus dem Jahr 1987 – das sind jetzt 35 Jahre her – und wurden das letzte Mal 2008 bestätigt. Damals gab es noch wenig Erfahrungen mit Leihmutterschaft. Außerdem war es noch ganz unüblich, über altruistische Leihmutterschaft innerhalb einer Familie oder einer Freundschaft zu diskutieren; im Blick war eigentlich immer nur die kommerzielle Leihmutterschaft. Schon gar nicht spielte damals der Gedanke eine Rolle, dass Leihmutterschaft einmal eine

Möglichkeit sein könnte, dass ein männliches homosexuelles Ehepaar (so etwas gibt es ja jetzt im staatlichen Recht) einen eventuellen Kinderwunsch erfüllt bekommen könnte.

Aber trotz dieses zeitlichen Abstands denke ich, dass die prinzipiellen Vorbehalte gegen Leihmutterschaft geblieben sind: Sie ist ein denkbar starker Eingriff in das Fortpflanzungsgeschehen, weil es außer den Wunscheltern eine weitere junge Frau sehr massiv einbezieht, körperlich mit allen Strapazen und Risiken, und dies für die Dauer einer ganzen Schwangerschaft und für den schmerzlichen Vorgang der Geburt. Und da ist dann ja auch noch die seelische Seite: Das von der (meist fremden) Frau geborene Kind muss freigestellt und abgegeben werden. Und das ist ja nicht irgendein Gegenstand, von dem man sich trennt, sondern ein lebendiges Wesen, das die abgebende Frau neun Monate in sich getragen hat und zu dem vielleicht durch Schwangerschaft und Geburt eine Beziehung entstanden ist oder aber viel Mühe darauf verwendet wurde, das zu vermeiden. – Das ist doch eine recht komplexe Situation, auch dann, wenn der Wunsch und die Bereitschaft aufseiten der bestellenden Eltern sehr groß sind.

Im Katechismus steht ein klares »Nein«. In der Bibel wird von Leihmutterschaft gesprochen: So soll Abraham im Ersten Testament eine Leihmutter beauftragt haben, da seine Frau Sara keine Kinder bekommen konnte. Wie passt das zusammen?

Sie spielen da an auf Gen 16, wo erzählt wird, dass Abrahams Frau Sara ihm keine Kinder gebären konnte und ihm deshalb als »Ersatz« Hagar, ihre Magd, zugeführt hat, damit die von ihm schwanger werden soll. Das hat ja auch geklappt, das »Ergebnis« war Ismael.

Das ist eine archaische Geschichte. Sie spielt in einer nomadischen Kultur vor mehreren Jahrtausenden, in der eine Sippe unwiderruflich vom Aussterben bedroht war, wenn sie nicht über einen Sohn verfügte. Da spielen Vorstellungen und Überzeugungen herein, die heute sicher nicht mehr geteilt oder stark kritisiert werden. Etwa von Männlichkeit, von Polygamie und von totaler Verfügbarkeit in einem Dienstverhältnis. Das taugt alles kaum zum moralischen Vorbild oder gar zur Rechtfertigung von Leihmutterschaft heute. Was gleichwohl doch irgendwie noch aktuell ist, ist das Leiden an unerfülltem Kinderwunsch. Und: Die biblische Erzählung ist trotz ihres Alters keineswegs blind für die Probleme, die mit so einer stellvertretenden Schwangerschaft verbunden sein können: Sie vermerkt nämlich ausdrücklich, dass die Magd, als sie gemerkt hat, dass sie schwanger war, die Achtung vor der Herrin verlor, und dass diese sich deshalb bei Abraham beschwerte; und dass das Verhältnis der beiden Frauen in dem – modern gesprochen – einen Haushalt so schwierig wurde, dass Hagar davon gelaufen ist.

Und dann muss man berücksichtigen, dass die Geschichte in der Bibel ja noch weitergeht: Sara hat schließlich trotz ihres Alters doch noch einen eigenen Sohn bekommen, den Isaak. Und als der da ist, muss die Magd samt ihrem Sohn das Feld räumen.

Theologisch will die gesamte Geschichte illustrieren, dass Gott sein einmal gegebenes Verheißungswort hält – trotz aller Hindernisse, die sich in den Weg legen. Es geht also nicht um eine ethische Reflexion oder gar eine Empfehlung über das Kinderbekommen durch Stellvertretung.

Was wäre die Alternative für Paare, die keine eigenen Kinder bekommen können?

Die Reproduktionsmedizin bietet beim heutigen Stand ja noch andere, weniger tief eingreifende Möglichkeiten, vor allem die In-vitro-Fertilisation, die Samenspende, mit Einschränkungen auch die Spende von sogenannten überzähligen Embryonen; und in manchen Ländern ist auch die Eizellspende erlaubt.

Ich denke, die Situation, dass Paare keine Kinder bekommen, obwohl sie sich das sehnlichst wünschen, ist immer eine Herausforderung, mit der sich die Partner gründlich und über längere Zeit auseinandersetzen müssen. Die Entscheidung, die Hilfe der Medizin in Anspruch zu nehmen, muss gut überlegt, untereinander abgestimmt und nachhaltig gewollt sein. Es kann auch sein, dass Paare im Lauf dieser Überlegungen zum Ergebnis kommen, dass sie das dann doch nicht »unter allen Umständen« wollen. Oder dass sie ihren Wunsch, für Kinder Eltern sein zu wollen, in anderer Weise erfüllen könnten, etwa durch Adoption oder Übernahme einer Pflegschaft. Im Übrigen müssen auch die, die sich dazu entschließen, die Hilfe der Medizin in Anspruch zu nehmen, wissen, dass das keine Garantie ist, zu einem Kind zu kommen. Der Weg dahin ist überaus mühsam, und die Chancen, dass er zum Ziel führt, beträgt im Durchschnitt nur ungefähr 30 Prozent; man könnte also auch sagen, in der Mehrzahl führen derartige Versuche nicht zum gewünschten Erfolg. Das muss dann auch verkraftet werden.

Hat es für Christen Konsequenzen, wenn sie eine solche »Dienstleistung« annehmen oder sie anbieten?

Ich würde sagen, die Konsequenzen sind zunächst mal ganz elementar-existentielle und betreffen nicht in erster Linie das Christsein. Wenn plötzlich ein Kind da ist, das betreut und versorgt und gehört und unbedingt geliebt werden will, dann ist das eine Realität, die das eigene Leben und das Zusammenleben des Paars grundlegend verändert. Sich darauf angemessen einzulassen ist entscheidender als alle eventuellen Sanktionen, die eine Institution oder ein Arbeitgeber gegen die Eltern ergreifen könnte. Ich selbst habe von solchen Sanktionen nicht gehört. Aber selbst wenn so etwas erwogen würde, müsste die Institution das Wohl und das Gedeihen des Kindes an die erste Stelle setzen. Alles andere scheint mir zweitrangig.

Bei einer Leihmutterschaft sollte es natürlich auch ein wichtiges Anliegen sein, dass die Bedürfnisse der Leihmutter in medizinischer, psychologischer und rechtlicher Hinsicht erfüllt werden, so dass sie nicht am Ende die Verliererin in diesem komplizierten Vorgang ist.

Wie stehen die Chancen, dass die Kirche in diesem Bereich ihre Haltung verändert?

Ich erkenne nicht den großen Bedarf für eine Änderung der kirchlichen Haltung, wenn mit »Haltung« Position gemeint ist. Ich wünsche mir von der Kirche gar nicht, dass sie für jede konkrete Frage eine fertige Antwort oder gar ein Rezept parat hat. Dazu sind die Lebenssituationen der Menschen doch viel zu unterschiedlich. Was hilfreich sein kann, sind doch eher Hilfen zur eigenen Reflexion, Kriterien und Argumente, auch Erfahrungen und Menschen, die einfühlsam begleiten. Und das bekommt man eher in Angeboten der Beratung für die Frauen, die so etwas wie Leihmutterschaft erwägen, als in Katechismus-Sätzen. Eine qualifizierte Beratung, die über die medizinischen Aspekte hinausgeht, ist – glaube ich – ein ganz wichtiger Dienst und ein Angebot der Kirche, das in der Zukunft immer wichtiger sein wird. Beratung heißt, dass jemand die Lösung seines Problems nicht »verpasst« bekommt, sondern im Austausch mit Erfahrenen selbst finden kann und dann den Weg gehen darf, der für ihn bzw. für sie der richtige ist.

Ich habe mit einem Paar gesprochen und einer Leihmutter. Alle drei sprachen unabhängig davon, dass es eine »win-win-Situation« ist. Tun die Leihmütter nicht etwas Gutes? Welche Verantwortung hat man als Paar gegenüber den Frauen, die oft aus Ländern kommen, in denen Armut herrscht?

Ich glaube das gern und freue mich mit den Beteiligten. Es ist ja auch nicht verwunderlich, dass Menschen, die einen so schwierigen und aufwändigen Weg erfolgreich miteinander gegangen sind, darüber glücklich sind. Umgekehrt wird sich ein Paar, bei dem das nicht so glatt gelaufen ist, kaum zu einem Interview bereitfinden. Ich möchte damit sagen: Was für die einen richtig ist, ist es nicht unbedingt auch für andere geschweige denn für alle. Es gibt nach den bisherigen Erfahrungen eben auch Fälle mit Schwierigkeiten, etwa dass sie Leihmutter das versprochene Kind nach der Geburt nicht abgeben will oder die »bestellenden« Wunscheltern es nicht annehmen wollen, weil ihnen das Aussehen nicht gefällt oder das Kind eine Behinderung hat. Und es gibt weltweit Schräglagen, die es vielen Staaten – auch Deutschland – geraten sein lassen, in ihrem Rechtsbereich Leihmutterschaft zu verbieten. Ich denke, dass das auf absehbare Zeit auch so bleiben wird (vielleicht nicht für immer); aber es wird wahrscheinlich Regelungen geben müssen, die dafür sorgen, dass auch bei einer im Ausland durchgeführten Leihmutterschaft bestimmte Standards eingehalten werden, z.B. was die Höhe der Bezahlung, die Freiwilligkeit der Kindes-Abgabe oder die Einbettung in eine qualifizierte Beratung betrifft.

Dass Leihmütter aus ihrer eigenen Sicht und auch aus Sicht der Wunscheltern etwas Gutes tun, möchte ich nicht in Abrede stellen. Aber eine Realität ist auch, dass Leihmutterschaft weltweit meistens eine Dienstleistung auf der Basis eines Vertrags ist, in dem Geld und das soziale Gefälle zwischen Bestelleltern und Leihmutter bzw. Vermittlungsagenturen eine große Rolle spielen. Weiße amerikanische Frauen der Oberschicht waren als Auftraggeberinnen so zahlreich und die Lage der meisten Leihmütter so prekär, dass in Indien die Leihmutterschaft und den um sie herum entstandenen üppigen Geschäftszweig erst vor wenigen Jahren mit massiven Beschränkungen versehen wurde. Es sind in vielen Ländern junge Frauen aus sehr ärmlichen Verhältnissen, die sich für diese Dienstleistung zur Verfügung stellen oder auf Wunsch ihrer Familien zur Verfügung stellen müssen. Das wäre dann eine Form von Ausbeutung.

Ich möchte niemand etwas unterstellen und ich kann die persönliche Situation der Paare, die diesen Weg gegangen sind, nicht beurteilen.

Aber so eine Praxis kann schnell in die Nähe von Menschenhandel abrutschen. Und das sollte auf jeden Fall vermieden werden.

Man darf m.E. auch nicht die körperlichen und psychischen Belastungen unterschätzen, die solch ein Prozess der reproduktionsmedizinischen Behandlung mit anschließender Schwangerschaft und Geburt für die Leihmutter selbst bedeutet. Ein weiteres Problem sind die niedrigeren rechtlichen Standards in vielen Ländern, die Leihmutterschaft erlauben oder sogar bewerben, aber für die so entstandenen Kinder nicht die Möglichkeit garantieren, eines Tages erfahren zu können, wer ihre biologischen Mütter waren. Dieses Wissen um die eigene Abstammung gehört aber heute zentral zu dem, was die eigene Identität bzw. das »Kindeswohl« ausmacht. Dieses Wissen ist nicht »ohne«, weil die Betroffenen eines Tages damit zurechtkommen müssen, dass sie eine andere genetische oder biologische Mutter haben als die Person, die ihnen als Mutter vertraut ist, und auch damit, dass diese biologische Mutter bereit war, sie »abzugeben«.

Leider weiß man auch nur wenig Verlässliches über die Häufigkeit von Leihmutterschaft, über ihre Handhabung und über die langfristigen Auswirkungen auf die betroffenen Kinder und die beteiligten Eltern. Das sind ein paar Gründe, weshalb das Thema Leihmutterschaft international und auch außerhalb der Theologie sehr kontrovers diskutiert wird.

Die Frage stellte Frau Sichla vom Michaelsbund am 28.01.2022. Das Interview war Teil einer umfangreichen Reportage, die wegen des inzwischen begonnenen Kriegs Russlands gegen die Ukraine nicht gesendet wurde. Durch den Krieg hat sich die Situation der Leihmütter und der »bestellten« Kinder dramatisch verschlechtert.

Zu 10. und 11.: Kontext und Verlauf der Debatte

Die »technischen« bzw. medizinischen Eingriffsmöglichkeiten in den Prozess der menschlichen Fortpflanzung beschränken sich schon seit den späten 1970er Jahren nicht mehr auf die Steuerung der Empfängnisbereitschaft, sondern erstrecken sich auch auf die Überwindung von Hindernissen, die dem Wunsch nach einem eigenen Kind im Wege liegen, seien diese Hindernisse krankheits-, konstitutions-, partner- oder altersbedingt.

Vor allem sind zu den medikamentösen und operativen Verbesserungen, Störungen zu beseitigen, die sog. Künstlichen Befruchtungsverfahren hinzugekommen, denen mit der Geburt von Louise Brown 1978 ein erster spektakulärer Durchbruch gelang, der 2010 mit dem Nobelpreis »belohnt« wurde. Was das hierbei angewandte Verfahren bis dahin noch von viel Skepsis und Bedenken bis in die Reihe der Akteure begleitet worden, so hat der Erfolg innerhalb kürzester Zeit dazu geführt, dass das praktizierte Verfahren der Befruchtung außerhalb des Körpers einer Frau mit anschließendem Transfer des Embryos in die Gebärmutter in zahlreichen Ländern übernommen wurde und sich in der Gynäkologie etabliert hat. Heute ist es fester Bestandteil des Angebots der Medizin und des Gesundheitswesens für Menschen mit unerfülltem Kinderwunsch. Deren Zahl ist groß und nimmt wie ja auch das Durchschnittsalter der Frauen bei der ersten Schwangerschaft ständig zu.

Die katholische Kirche hat auf dem Feld des Umgangs mit ungewollter Kinderlosigkeit wie schon früher bei der Frage der wirksamen Empfängnisverhütung die bittere Erfahrung machen müssen, dass die Gesellschaft nicht von ihrem, nämlich der katholischen Kirche Votum abhängig macht, ob sie eine medizinische Technik und die entsprechende Behandlung zulässt oder verbietet, fördert oder erschwert. Bestenfalls finden sich die Bedenken, die seitens der Kirche und ihrer Organisationen, in denen um Rat in derlei Nöten nachgesucht wird, vorgetragen werden, in den konkreten Regelungen (betreffend Beratung, Finanzierung, Sorge um diejenigen, bei denen das medizinische Verfahren nicht zum gewünschten Erfolg geführt hat) berücksichtigt. Von der Notwendigkeit von Einschränkungen hingegen lassen

sich Gesellschaft und Gesetzgebungsorgane, sobald Verfahren mit Erfolgsaussicht umgesetzt werden können und Bedarf besteht, nicht durch Warnungen und Bedenken abhalten, sondern nur durch das Risiko massiver Schäden physischer, finanzieller oder sozialer Art. Deshalb hat theologische Ethik bis zur Etablierung eines Verfahrens eine Chance, mit ihrem Votum Einfluss auszuüben, wenn sie den Gewinn an Freiheit und die Überwindung einer Belastung anerkennt oder plausibel aufzeigen kann, welche absehbaren problematischen Folgen durch eine Regulierung vermeidbar sind. Nach einer Etablierung lässt sich nichts gewinnen mit einer Skepsis, die darauf zielt, die Etablierung rückgängig zu machen. Für die Menschen, die das betreffende Verfahren für sich und in ihrer Biografie als Ausweg aus einer bestimmten Not erwägen bzw. die damit verbundenen Belastungen auf sich zu nehmen bereit sind, können Theologie und Kirche aber auch dann viel tun, wenn sie sich im Einzelfall darum sorgen, dass die Entscheidungen und Zustimmungen wirklich frei bleiben von Naivität, Nicht- oder Halbwissen, vom Druck medizinischer Routinen und Interessen, von dem, was man »heute in so einem Fall üblicherweise tut«, von partnerschaftlichen oder familiären Erwartungen u.ä. Vor allem muss die betreffende Frau dabei unterstützt werden, dass sie vor und während und nach der Behandlung »ihre eigene Stimme« in sich entdecken kann und ihr folgen darf.
Auch besteht die Möglichkeit, dass die Begeisterung über neue Möglichkeitsräume gelegentlich zum Verkennen grundlegender Realitäten führen kann wie: dass es kein Recht auf ein eigenes Kind gibt, und dass das Leben immer und durchweg Geschenkcharakter hat und behält. Es kann durchaus eine gesellschaftspolitische Aufgabe von Kirche und Theologie sein, diesen Schleier illusionärer Perfektion wegzuziehen und auf die Nichtperfektheit der Behandlungsmöglichkeiten, die in mehr als der Hälfte der Fälle ja nicht erfolgreich sind, die Lückenhaftigkeit des internationalen Rechtsschutzes und die vielfache Vulnerabilität der Personen mit Kinderwunsch hinzuweisen. Aber dies entbindet sie nicht von der seelsorglichen Aufgabe, den betroffenen Frauen in ihrer Not und ihrer Suche nach einem Ausweg beizustehen, und diesen Weg beratend und nicht-direktiv zu begleiten.

12. Sexualstrafrecht

Das geltende Sexualstrafrecht weist gravierende Lücken auf und wird deshalb revidiert. Bundesrat und Ständerat in der Schweiz schlagen die «Nein-heisst-nein»-Lösung vor, während Frauenorganisationen eine «Nur-Ja-heisst-Ja»-Lösung fordern. Konrad Hilpert, der zwölf Jahre als Moraltheologe an der Ludwig-Maximilians-Universität München wirkte und an der Universität Luzern Ethik lehrte, ordnet im Interview die Unterschiede ein.

Was ist strafbar in sexuellen Fragen und warum wird in der Schweiz derzeit eine Revision gewünscht?

Die Feststellung, dass das geltende Sexualstrafrecht gravierende Lücken aufweist, ist die Folge eines neuen Problembewusstseins. Ihm liegen vor allem drei Entwicklungen im allgemeinen Empfinden zugrunde: Zum einen hat sich das Verhältnis zwischen den Geschlechtern in den letzten Jahrzehnten erheblich verändert, und zwar in Richtung auf mehr Gleichheit. Zum anderen hat ein regelrechter Kampf stattgefunden um die Anerkennung einer Vielfalt von sexuellen Orientierungen (LGBTQI) und infolgedessen auch Beziehungsformen. Und zum dritten ist, vor allem als Folge der starken Thematisierung des Missbrauchs von Kindern, aber auch zwischen Erwachsenen (Me too), die häufige Verquickung von sexuellen Handlungen und Macht bzw. Gewalt bewusster worden. Das sind übrigens alles Entwicklungen, die in grossen Teilen der Welt stattgefunden haben.

Und da hilft ein angepasstes Strafrecht?

Das Strafrecht ist sicher nicht gerade das nächstliegende und schon gar nicht das einzige Werkzeug, diesen drei Entwicklungen Resonanz zu verschaffen. Aber wenn sich das allgemeine Denken und Empfinden so massiv verändert hat, können sich auch Politik und Recht nicht der Forderung nach mehr Geschlechtergerechtigkeit, nach Selbstbestimmtheit und neuen Lebensformen sowie nach erhöhter Sensibilität für gewaltförmige Elemente in Beziehungen verweigern.

In Bezug auf das Strafrecht geht es spezieller darum, das bestehende Recht unter der Perspektive dieser drei Entwicklungen kritisch durchzusehen und es gegebenenfalls zu ergänzen. Die praktizierte Sexualität und die Beziehungen selbst besser zu machen vermag das Strafrecht von sich aus nicht.

Nun soll neu eine explizite Erklärung erfolgen, mit einer sexuellen Beziehung einverstanden zu sein.

Der Gebrauch von Gewalt im Zusammenhang sexueller Beziehungen war und ist ein No Go. Die vorgeschlagene strafrechtliche Veränderung macht aber zusätzlich Ernst damit, dass es nicht nur manifeste Formen von Gewalt wie Vergewaltigung und die Androhung von physischem oder psychischem Zwang gibt, sondern auch sublime und verschleierte Formen, die als solche von aussen nicht sofort erkannt werden können, aber von der betroffenen Person selber oder auch erst im Lauf der Zeit als Zwang empfunden werden wie Ausnutzung von Abhängigkeit, Blossstellung vor anderen oder Überredung. Sexuelle Interaktion ist ein Miteinander-Handeln, das auf beiden Seiten Freiheit voraussetzt. Dass man zu einem Handeln bereit ist, das so unmittelbar, intensiv, schutzlos und eben auch folgenreich erlebt wird wie das sexuelle, setzt freies Einverständnis voraus. Solches Einverständnis kann auf verschiedene Weise erteilt werden, durch Worte, durch Symbole oder auch wortlos-schweigend. Wichtig ist, dass es eindeutig und unmissverständlich vorhanden sein muss. Und deshalb ist die unmissverständlichste Art, es zu geben, die explizite Erklärung, und der ausdrückliche Widerspruch der deutlichste Ausdruck, dass das Einverständnis nicht vorhanden ist oder ab einem bestimmten Punkte zurückgezogen wurde.

Die Neuerung des Sexualstrafrechts erweckt den Eindruck, dass zwei sich kennenlernen und schwups einverstanden sind mit Sex.

Ich darf noch einmal darauf verweisen, dass das Recht im Allgemeinen und das Strafrecht im Besonderen im Bezug auf das Ziel «glückende Beziehung» und «erfüllende Sexualität» ein sehr beschränktes Instrument ist. Es kann lediglich bestimmte Fehlformen unter die Androhung von Sanktionen stellen und so im Einzelfall und gesellschaftlich-generell zu verhindern versuchen. Aber es kann die notwendige innere Zustimmung, die es anhand des Kriteriums explizites «Ja» schützen möchte, nicht hervorbringen und auch nicht stärken. Liebe und Gemeinschaft sind ebenso wie Selbstbestimmtheit nicht das Ergebnis oder die Folge der rechtlichen Gestaltung dieses Bereichs, sondern die

Realitäten, die durch das Recht geschützt werden sollen, wenigstens aber nicht der Leichtfertigkeit und Gewalttätigkeit preisgegeben und verunmöglicht oder zerstört werden sollen.

Gibt es Unterschied zwischen sexueller Belästigung und Übergriffigkeit?

In gesellschaftlichen Alltags-Debatten hängen sexuelle Belästigung und sexuelle Übergriffigkeit eng zusammen und gehen häufig ineinander über. Eine trennscharfe Unterscheidung ist erst eine Sache des Rechts, das definitorisch zwischen zwei verschiedenen Straftatbeständen unterscheiden möchte. Dann ist sexuelle Belästigung der weitere Begriff und kann jede Form von sexualisierter, das heisst körper- und geschlechtsbezogener unerwünschter Annäherung bezeichnen, also körperliche Berührung, Ausnutzung von Macht- und Abhängigkeitsposition, Ungleichbehandlung, Einschüchterung, Beleidigung, Demütigung, sowie Bemerkungen und Kommentare, die beschämend wirken, sowie anzügliche Blicke. Mit Übergriffen sind hingegen unnötige körperliche Berührungen und sexuelle Handlungen gemeint, die eben nicht im Verbalen und Symbolischen verbleiben, sondern auch physische Gestalt annehmen.

Was ist der Unterschied zwischen der Lösung «Ein Nein ist ein Nein» und «Ein Ja ist ein Ja»?

Es ist eine zigfach gemachte Erfahrung, dass das, was jemand subjektiv als belästigend empfindet, präziser, rascher und entschiedener formuliert werden kann als das, was dieselbe Person als für sich gewünscht oder auch nur akzeptierbar bezeichnen kann. «Einverständnis» ist im Spektrum der möglichen sexuellen Handlungen und Ausdrucksgestalten ein extrem unscharfes und schwankendes Kriterium, weil die Dynamik des konkreten sexuellen Verhaltens recht offen ist. Während ein Nein stets eine konkret sichtbare Grenze meint, gilt ein Ja einem ganzen Möglichkeitsraum, der mit Phantasien, Träumen und mit gesehenen, pornografischen Bildern ausgefüllt werden kann. Zwischen vertrauten Partnern ist dieser Möglichkeitsraum durch Absprachen, lange Kenntnis des Anderen oder auch durch eingespielte Routinen de facto begrenzt; zwischen unvertrauten Personen muss er jederzeit durch ein Bis-hierhin und-nicht-weiter» beschränkt werden können. Das einmal gegebene Einverständnis ist nie einfach ein Freifahrschein für alles, was einer der Partner gerade machen möchte.

Kein Nein und kein Ja, bietet somit Raum für viel Missverständnisse.

Dort, wo nicht nein gesagt wird, aber auch nicht ausdrücklich ja, wo also sexuelle Handlungen schweigend hingenommen, geschehen gelassen oder vielleicht auch widerstandslos erlitten werden, können unsensible Partner, in zweiter Linie aber auch Polizisten und Richter, die einen zur Anzeige gebrachten Übergriff untersuchen und gewichten müssen, solches Schweigen als verklausulierte Zustimmung interpretieren. Das, obschon der oder die Betroffene das Handeln als Verführung, als Preis für die eigene Unerfahrenheit oder als vermeintliches Gefühl, das sei eben «normal», erfahren hat und erst nach längerer Reflexion eindeutig als Zufügung von Gewalt realisieren konnte. Ich glaube nicht, dass sich der Grundsatz, dass sexuelle Handlungen nur dann legitim sind, wenn alle Beteiligten explizit ihr ja gegeben haben, rechtlich streng durchsetzen lässt, aber ethisch ist das sicher eine berechtigte Bedingung und ein unverzichtbarer Appell. Als Prinzip gesetzlich verbindlich gemacht, wie es jetzt vorgeschlagen wird und in vielen anderen europäischen Staaten bereits geltendes Recht ist, kann er sicher erzieherische und symbolische Wirkung entfalten, insofern er das Signal gibt, dass auch der schwächere Partner Rechte hat, und das, selbst wenn er nichts gesagt hat. Das Recht übernimmt hier, wenn man so will, die Funktion der Moral, weil diese in der Vergangenheit zu wenig auf diesen Punkt des Einverständnisses geachtet hat.

Macht die Verlobungszeit heute noch Sinn?

Eine Zeit des Sich-Kennenlernens und Sich-besser-Kennenlernens macht immer Sinn. Und so etwas ist auch nötig, damit die Partner einander und auch sich selber besser kennenlernen und in ihrer Beziehung wachsen können. Dieser Prozess des tieferen Kennenlernens und Sich-aufeinander-Einstellens und -Abstimmens ist heute vielleicht sogar notwendiger und anspruchsvoller, weil die Rollen der Partner viel weniger feststehen und konkret erst ausgehandelt werden müssen; und weil zudem viele der äußeren Stützen wie die festen Erwartungen der Familien und der Freunde und die Selbstverständlichkeit des ehelichen Zusammenlebens schwächer geworden sind. Nur werden viele junge Leute das wohl nicht mehr Verlobungszeit nennen und entsprechende Ritualisierungen mit Anzeigen, Verlobungsfeier und Enthaltung von sexueller Gemeinschaft als aus der Zeit gefallen oder seltsam empfinden.

Und wie steht es mit den Werten Einzigkeit, Ausschliesslichkeit und der Treue, mit der Ehemoral?

Ich halte diese Kriterien keineswegs für veraltet. Es trifft sicher zu, dass man allerorten von Seitensprüngen hört. Andererseits sehnen sich die meisten Menschen in ihren Beziehungen genau nach Einzigkeit, Ausschliesslichkeit und Treue. Selbst dann, wenn sie das im Einzelfall nicht schaffen oder der Partner dagegenhandelt, leiden sie darunter. Diese Spannung und manchmal Diskrepanz zwischen Wunsch und Wirklichkeit muss man realistisch zur Kenntnis nehmen.

Warum kommt es zu so genannter Rachepornografie bei der Beendigung einer Beziehung?

Damit ist gemeint, dass Ton- und vor allem Bildaufnahmen einer Person in intimen Situationen, die ursprünglich nicht für die Öffentlichkeit bestimmt waren, ohne und gegen den Willen der betroffenen Person an die Öffentlichkeit gebracht werden mit der Absicht, an ihr Rache zu üben. Wenn man Presseberichten Glauben schenken darf, kommt so etwas in den letzten Jahren immer häufiger vor, vor allem, um sich für die Beendigung einer Beziehung zu rächen oder ihr Fortbestehen zu erzwingen. Die Folgen für die bloss gestellte Person sind meist furchtbar. Nacktheit bedeutet immer auch Schutzlosigkeit und Verletzbarkeit. In der Intimität ist das ein Privileg, von dem andere ausgeschlossen sind, das in Vertrauen eingehegt und vor pornografischer Verdinglichung und Austauschbarkeit geschützt ist. Dem wahllosen allgemeinen Zugriff und Anblick zur Verfügung gestellt, ist sie eine Form von Gewalt und Angriff auf die Eigensphäre einer Person, verbunden mit einer Demonstration des totalen Kontrollverlusts. Solche Ent-Intimisierung ist nichts anderes als eine schwere Verletzung der Menschenwürde.

* Die Fragen wurden von Stephan Leimgruber gestellt, Das Interview erschien unter der Überschrift «Das Recht übernimmt nur teilweise die Funktion der Moral» in: Der Sonntag Heft nr. 28 vom 14. Juli 2022, 30–33.

Zu 12.: Kontext und Verlauf der Debatte

Das 12. Interview ist innerhalb der Reihe der anderen singulär, insofern sein Hintergrund ein soziales Phänomen ist, das überhaupt erst seit wenigen Jahren (6!) einen Namen hat. Es betrifft den richtigen Umgang mit erlittener oder beobachteter sexueller Belästigung (Metoo). Dabei geht es einerseits um die Denunziation bekannter Persönlichkeiten, die sich einer solchen Belästigung an verantwortlicher Stelle und serienmäßig schuldig gemacht haben, vor größtmöglicher Öffentlichkeit unter Inkaufnahme aller Risiken, die eine solchen öffentliche Bloßstellung nach sich zieht. Andererseits geht es aber auch – und darauf konzentriert sich das Interview – um die Wirkungen, die entsprechende Initiativen und exemplarische Aktionen in der Rechtspolitik haben und die darauf dringen, den Tatbestand der sexuellen Belästigung zu präzisieren. Als ebenso programmatische wie elementare und deshalb unmissverstehbare (und infolgedessen auch nicht auslegungsbedürftige) Formulierung hierfür wurde in mehreren Parlamenten der Satz »Nein heißt nein« vorgeschlagen.
Vielen feministischen Aktivistinnen geht dieser auf Untersagung beschränkte und auf Nachweisbarkeit angewiesene Grundsatz aber nicht weit genug. Sie möchten die Grenzen der Legalität so hoch setzen, dass jedes sexuelle Handeln mit bzw. an einem Partner überhaupt nur stattfinden darf, wenn ein explizites Einverständnis gegeben wurde bzw. im Zweifelsfall eindeutig nachgewiesen werden kann.
Im Interview, das im Zusammenhang mit einer parlamentarischen Initiative in der Schweiz entstanden ist, wird Fragen nachgegangen, die die Durchführbarkeit dieses weitergehenden Vorschlags betreffen, der bereits durch einzelne Parlamente (z.B. dem spanischen) Gesetzeskraft erhalten hat. Es könnte durchaus sein, dass sich in diesen Bemühungen eine epochale Veränderung des Verhältnisses von Recht und Moral abspielt, insofern diese beiden Sphären hier nicht mehr unterschieden und einander zugeordnet werden, sondern dem Recht tendenziell auch die Funktion der (in ihrer sozialen Prägekraft schwach gewordenen) Moral übertragen wird, bestimmte Haltungen, Einstellungen und Verhaltensweisen hervorzubringen und zu sichern.

13. Religionsfreiheit

Religionsfreiheit ist immer dort brisant, wo sie die Freiheit des anderen ist. Der Staat muss sie schützen, er darf aber auch keiner religiösen Gewalt weichen.

Religionsfreiheit ist immer dort brisant, wo sie die Freiheit des anderen ist. Der Staat muss sie schützen, er darf aber auch keiner religiösen Gewalt weichen.

Am letzten Arbeitstag, dem 7. Dezember 1965, hat das 2. Vatikanische Konzil die Erklärung über die Religionsfreiheit beschlossen.

Warum tat sich die römisch-katholische Kirche mit der Religionsfreiheit so schwer?

Oberflächlich gesehen war es schwierig, weil die römisch-katholische Kirche sich in ihrer Geschichte gegen die Religionsfreiheit ausgesprochen hatte. Tiefer betrachtet ging es um ein neues Verhältnis zwischen dem Anspruch auf Wahrheit, an dem die Kirche festhalten muss, und dem Versprechen der Freiheit, das ein innerstes Element des Selbstverständnisses des Menschen in der Neuzeit ist.

Katholische Traditionalisten haben dann tatsächlich den Vorwurf erhoben, dass die Kirche ihren Wahrheitsanspruch aufgegeben hätte.

Das war ein überzogener Vorwurf. Richtig ist, dass die Lehre in dieser Frage nicht bruchlos weitergeführt wurde. Das mag man als Verrat an der Tradition ansehen, man kann es aber auch sehr positiv als ein Dazulernen der Kirche bewerten. Im 19. Jahrhundert hatte die Kirche die Religionsfreiheit vor dem Hintergrund ihrer Erfahrungen mit dem revolutionären Frankreich abgelehnt. Beim Zweiten Vatikanum flossen dagegen die positiven Erfahrungen mit der Religionsfreiheit etwa in Nordamerika ein.

Die Kirche wurde durch die gesellschaftliche Entwicklung belehrt.

Im 20. Jahrhundert hat sich die Stellung des Christentums innerhalb der Gesellschaft beträchtlich geändert. Die Möglichkeit ist geschwunden,

Religion durch staatliche Maßnahmen abzusichern. Das Christentum muss sich immer stärker in einem Umfeld bewähren, wo es seine Berechtigung selbst mit pädagogischen und spirituellen Mitteln und mit der Kraft von Überzeugung zur Geltung bringen muss. Es kann sich nicht mehr auf den Status einer Staatsreligion stützen. Denn das würde eine religiöse Einheitlichkeit voraussetzen, die nicht mehr gegeben ist.

In Deutschland und Österreich ist das Verhältnis von Staat und Kirchen trotzdem relativ eng.

Staat und Kirchen sind eindeutig als zwei getrennte Sphären unterschieden. Es gibt keine Einheit mehr von Religion und Staat, wie sie bis zur Französischen Revolution bestand. Das Verhältnis von Staat und Kirchen in Deutschland oder Österreich ist aber grundsätzlich anders als die strikte Trennung, die es in Frankreich seit der Laizismus-Gesetzgebung des 20. Jahrhunderts gibt. Bei uns arbeiten Staat und Kirchen in den so genannten gemischten Bereichen zusammen: Schule, Denkmalschutz, Sozialarbeit.

In der EU-Verfassung hat der Vatikan darauf gedrängt, die christliche Prägung Europas festzuschreiben.

Es ging vor allem darum, ob die christliche Tradition als ein Strang europäischer Geschichte und Identität genannt werden sollte. Das Zweite war der Streit um den Gottesbezug, den wir ja in einigen europäischen Verfassungen haben. Ich habe das nie als religiöses Bekenntnis verstanden, sondern so, dass der Gottesbegriff eine Leerstelle besetzt. Der Staat sagt damit: Ich setze mich nicht an die Stelle, die in den Religionen Gott innehat. Damit wird signalisiert, dass Staat und Regierung grundsätzlich begrenzt sind. Dass es etwas über ihnen gibt.

Vielfach wurde das als Versuch der Christen verstanden, sich gegen den Islam in Europa abzuschotten.

Der Islam stimmt in dem grundlegenden Bekenntnis, dass es einen Gott gibt, mit dem Christentum überein. Außerdem gehören zu den Wurzeln Europas in gewisser Weise auch orientalische und islamische Kulturen. Die Naturwissenschaft, die Mathematik, die Medizin und die antike Philosophie sind im Mittelalter in Europa nur angekommen, weil es die arabische Überlieferung dafür gab.

Ein Maß für die Religionsfreiheit ist immer die Frage, wie frei religiöse Minderheiten sind: in Europa die Moslems, in der Türkei die Christen.

Die Religionsfreiheit ist unteilbar. Wir können sie nicht nur so weit gewähren, wie das auch andere tun. Aber selbstverständlich ist es im Sinne Europas wünschenswert, darauf hinzuarbeiten, dass Religionsfreiheit überall im gleichen Maße anerkannt wird.

Was hat sich in der katholischen Kirche seit der Erklärung über die Religionsfreiheit geändert? Was ist noch zu tun?

Die Kirche hat mit dieser Erklärung die Menschenrechte ohne Vorbehalt anerkannt. Das hat Folgen für das kirchliche Selbstverständnis: Die Menschenrechte gelten auch in der Kirche. Ich selbst sitze als Laie auf einem Lehrstuhl für Moraltheologie, auf dem es jahrhundertelang nur Kleriker gab. Da bewegt sich etwas. Dasselbe gilt für die Frauen in der Kirche. Das lässt sich nicht mehr zurückdrehen, auch wenn der Apparat sich nach Ansicht vieler zu langsam verändert.

Viel bewegt hat sich im interreligiösen Gespräch, das früher von oben herab geführt wurde, apologetisch, auf die Verteidigung des Eigenen bedacht. Heute ist es ein ernsthaftes Anliegen. Selbst sehr konservative Gruppen haben begriffen, dass davon auch ein Stück Zukunft der eigenen Kirche abhängt.

Religionsfreiheit heißt auch, dass der Staat die Ausübung der Religion gewähren und schützen muss. Es gibt aber Grenzen, wo der Staat als Wahrer der Menschenrechte in die Religion eingreifen kann oder sogar muss.

Diese Grenzen gibt es, sie orientieren sich aber nicht mehr an der Frage nach Irrtum oder Wahrheit. Die erste Grenze ist, dass Religionsfreiheit nur so weit anerkannt werden kann, als jeder, der sie beansprucht, sie auch den anderen zugesteht. Die zweite Grenze ist die Friedenspflicht des Staates. Er kann nicht zulassen, dass religiöse Standpunkt zu Gewalt führen. Hier deckt sich die Verantwortung des Staates mit der Entwicklung der Menschenrechte. Die Polygamie, die Beschneidung von Mädchen oder die Zwangsverheiratung von Minderjährigen können bei uns nicht geduldet werden. Denn diese Traditionen haben sich in der Geschichte eindeutig als Unrecht erwiesen, genauso etwa wie Blutrache oder Sklaverei. Hier muss der Staat sagen: Hinter diese Standards, die wir in einer millionenfach bestätigten Geschichte errungen haben, wollen wir nicht mehr zurück.

Wer bei uns leben will, soll alle Rechte bekommen, aber er kann die Intoleranz oder die Vernichtung des anderen nicht damit begründen, dass sie unter dem Dach seiner Religionsfreiheit geschützt seien.

Die Fragen stellte Josef Bruckmoser. Das Interview erschien in den Salzburger Nachrichten vom 24.12.2005, S. 2.

Für eine vertiefte Auseinandersetzung mit der Thematik s. u.a. mein Buch Ethik der Menschenrechte. Zwischen Rhetorik und Verwirklichung, Paderborn 2019.

14. Abgründigkeit menschlichen Handelns

Halten Sie die Tat von Erfurt für eine Einzeltat oder für den Beginn eines »neuen Trends«?

Man kann nur hoffen, dass der Amoklauf von Erfurt eine Einzeltat bleibt und nicht Anfangspunkt einer neuen Serie von Jugend- und Schulgewalt ist. Jedes Verbrechen, das geschieht, ist zunächst einmal eine Einzeltat. Aber natürlich kann man nie sicher sein, dass es immer wieder zu neuen schlimmen Einzeltaten kommt. Auch lässt sich nicht in Abrede stellen, dass wir es bei der Tat von Erfurt mit einer neuen Qualität und Quantität von Gewalt zu tun bekommen haben. Und das beunruhigt. Solange die Beunruhigung anhält und die Öffentlichkeit, aber auch die Verantwortlichen, aufmerksam werden für die Signale, dass andere in ihrer Umgebung unglücklich sind oder sich absondern, darf man zuversichtlich sein, dass diese Wahnsinnstat nicht zum Auftakt einer Serie wird.

Was sagen die Geschehnisse von Erfurt über unsere Gesellschaft aus?

Ob man von den Geschehnissen in Erfurt direkt auf den Zustand unserer Gesellschaft schließen kann und darf, bezweifle ich. Aber sicher macht das, was da passiert ist, Schwachstellen offenkundig. Diese Schwachstellen betreffen alle grob gesagt den Übergang junger Menschen zum Erwachsensein. Was immer im einzelnen ausschlaggebend gewesen sein mag: die familiäre Konstellation, das Versagen in der Schule, eine rigide Regelung für vorzeitige Schulabgänger, die verschlossenen Zukunftswünsche oder der Rückzug in eine nach außen abgedichtete Medienwelt – macht dieser Fall doch auch deutlich, in welchem Maße sich in unserer Gesellschaft bereits bei jungen Menschen Kränkungen, Selbstwertzweifel, Sprachlosigkeit, aber auch die Unmöglichkeit oder gar Unfähigkeit, über Gefühle zu sprechen und mit Konflikten umzugehen, ansammeln können. Anders ausgedrückt: Es wäre albern und unangemessen, die Schuld an dem Schlimmen, was in Erfurt passiert ist, einfach nur bei der Gesellschaft zu suchen. Das würde weder dem Täter gerecht, aber noch viel weniger den unzähligen Altersgenossen, die unter denselben Bedingungen ihr Leben und ihre Zukunft gestalten, ohne andere mit dem Tode zu bedrohen, die als

Erwachsene mit ihnen leben und ihnen etwas zu geben versuchen. Aber man kann sicher sagen, dass die Gesellschaft, so wie sie ist – mit ihren unzähligen Wahlmöglichkeiten, mit ihren sehr dezidierten Leistungserwartungen und ihrer Individualisierung – heute den jungen Menschen enorm viel abverlangt und sie irritiert oder allein lässt und dort, wo jemand mit diesen Anforderungen nicht zurechtkommt, offensichtlich über zu wenig Möglichkeiten verfügt, ihn aufzufangen und individuelle Alternativen zu eröffnen.

Lassen sich solche Vorfälle verhindern?

Mit letzter Gewissheit sicher nicht. Die Leute – und das sind ja konkret: Schüler an anderen Schulen, Eltern und Großeltern von Schülern – wünschen das verständlicherweise am allermeisten. Und deshalb bewegt sich die politische Bearbeitung dieses Vorgangs eben zu großen Teilen und allzu schnell auf der Oberfläche von Maßnahmen der Art: Welche gesetzliche Bestimmung über Waffenerwerb, Mindestalter, Medienkontrolle usw. müssten verschärft werden? Oder: Wie können wir unsere Schulen sicherer machen? Ich möchte aber nicht bestreiten, dass solches auch erwogen und geprüft werden muss. Aber Überlegungen dieser Art betreffen eigentlich immer nur die Kontrollsicherungen gegen den Katastrophenfall. Sie greifen viel zu kurz, wenn man nicht gleichzeitig auch merken will, dass – um im Bild zu bleiben – das Stromnetz andauernd überlastet ist oder einzelne Geräte einen Kurzschluss haben. Wenn man solche Vorfälle wie die in Erfurt wirklich verhindern oder wenigstens unwahrscheinlich machen will, muss man viel früher ansetzen, nämlich dort, wo junge Menschen erzogen, begleitet, auf ihrem Lebensweg beraten und individuell unterstützt werden. Eine Kultur der Sorgfalt, der Aufmerksamkeit, der Kommunikation, er Anerkennung, der individuellen Förderung, vielleicht auch der Kooperation und auf jeden Fall der Konfliktbearbeitung – das erscheinen mir die wirklichen Herausforderungen zu sein.

Kann die Kirche einen besonderen Beitrag leisten?

Wenn ich selbst zurückdenke an meine eigene Jugendzeit, dann konnte ich – und das galt damals für die meisten meiner Alterskameraden – auf eine Reihe von festen Gruppen (z.B. Pfadfinder, Ministranten) und lockere Freundschaften (Musik und Chor, Primanerforum, Filmclub, regelmäßige Tanzveranstaltungen an den großen Festen, Drei-Königs-

Singen, auch die Zusammenarbeit mit dem einen oder anderen Kaplan) im kirchlichen Raum »zurückgreifen«, die in schwierigen Phasen als entlastend empfunden und zugleich verbindend wirkten. Alle Jugendlichen machen ja Zeiten und Phasen durch, wo das Verhältnis zu den Eltern angespannt ist, und seien diese noch so liebevoll und vernünftig. Und selbst ein Schüler, der sich mit den Anforderungen der Schule leicht tut, hat einzelne Lehrer, mit denen er weniger gut oder emotional überhaupt nicht zurechtkommt. Dies überhaupt aussprechen zu können oder wenigstens Orte und Gelegenheiten zu haben, wo das keine Rolle spielt und wo man sich sozusagen in anderen Qualitäten erfahren kann, hilft den Stress in anderen Bereichen zu ertragen. Deshalb ist m.E. Jugendarbeit der wichtigste und der wertvollste Beitrag, den die Kirche in diesem Zusammenhang leisten kann. Und ich bedauere es, wenn gerade in diesem Bereich in der Kirche gegenwärtig so viel wegbricht oder das Feld achselzuckend anderen Anbietern überlassen wird.

Die Tat eines Einzelnen hat eine ganze Nation, ja sogar die ganze Welt erschüttert. »Erzieht« unsere Gesellschaft solche Täter? Was veranlasst zu solch einer Tat?

Darüber können wir eigentlich nur Vermutungen anstellen, weil wir in den Kopf des Täters nicht hineinschauen können und er selbst uns keine Auskunft mehr geben kann. Aber die Fachleute, sprich: die Psychologen, Soziologen und auch manche Kriminologen geben uns doch ein paar ganz gezielte Antworthinweise. Z.B. den, dass solche Taten psychodynamische Versuche sind, durch Demonstration von Macht und Überlegenheit erfahrene Kränkungen, fehlende Anerkennung und das Gefühl, zu nichts zu taugen, auszugleichen. Oder den anderen Hinweis, dass ein typisches Problem familiärer Existenz heute das Nicht- oder Zu-wenig-miteinander-Sprechen ist und die Minimierung der Interaktion zugunsten einer möglichst schnellen Flucht in die individuelle Sonderwelt, die bereits hinter der eigenen Tür beginnen kann; oder auch den Hinweis, dass die Gesellschaft in vielen Bereichen Gewalt und Gewaltdarstellung in einem Ausmaße unwidersprochen toleriert, dass wenigstens bei psychisch nicht oder noch wenig gefestigten Menschen der Eindruck entstehen kann, das sei eben normal.

In der Öffentlichkeit wird die Frage nach der Medienethik laut. Die Gewaltauswüchse in den Medien werden scharf kritisiert. Sind die Medien

(Fernsehen, Video, Computerspiele, Internet...) schuld an Ereignissen wie Erfurt?

Ich glaube, die Zuweisung der Schuld an die Medien ist eine Stellvertreterdiskussion, mit der man glaubt, den Dieb gefasst zu haben, um dann wieder zur Tagesordnung übergehen zu können, bei der selbstverständlich alles so bleibt, wie es vorher auch gewesen war. Die Medien sind ja zu einem erheblichen Teil der Spiegel dessen, was in der Gesellschaft gilt und wie man in der Gesellschaft denkt. Immerhin ist bei dem Erfurter Verbrechen ganz unübersehbar, dass der Täter das Drehbuch, nach dem er sein Verbrechen geplant und durchgeführt hat, aus den Medien bezogen hat. Und das sollte nun schon zu denken geben, weil es etwas mit der Brutalität der ganzen Handlung und auch mit dem »Sich in die entsprechende Stimmung puschen«, also man könnte auch sagen: mit der Art der emotionalen Selbstmanipulation, in der eine solche Tat überhaupt erst ermöglicht wird, zu tun haben könnte. Der andere Punkt, der unbedingt näher betrachtet und bearbeitet werden muss, ist – so denke ich – die Tatsache, dass die Medien (konkret sind es ja vor allem das Fernsehen mit seinen unbeschränkt vielen Programmen und der Computer) faktisch die Rolle von Sozialisationsagenten einnehmen, also für viele junge Menschen über einen erheblichen Zeitraum des Tages Begleiter und Partner sind. Was das wirklich und vor allem in extremen Fällen (Kinder, Jugendliche, psychische Labilität, fehlende Möglichkeiten zur Aussprache, Belastungs- und Enttäuschungssituationen) für die Wahrnehmung und für die Sozialfähigkeit von erwachsen werdenden Menschen bedeutet, das wissen wir noch nicht wirklich. Die Forderung nach mehr »Medienethik« ist sicher sehr berechtigt, aber man muss sich davor hüten, sie bloß als Verlegenheitsformel für »eigentlich müsste man..., aber wir wissen nicht wie...« zu gebrauchen. Eine vordringliche Zielrichtung von Medienethik sollte m.E. sein, die Seh-, Dechiffrier-, Auswahl- und Nutzungskompetenz junger Menschen zu stärken und zu trainieren. Und dazu gehört natürlich auch – und das wäre die zweite Zielrichtung, die auch viele strukturelle Überlegungen nach sich ziehen müsste – den Blick aller, also auch der Anbieter, der Produzenten, der Mitwirkenden und der Bezahler, dafür zu stärken, dass Gewalt kein normales und probates Mittel zur Lösung von Konflikten und Gefühlen der Wut ist. Wo Gewalt dennoch geschieht, muss klar sein, was sie anrichtet, und auch, dass es so eigentlich nicht sein sollte.

Der Begriff der Medienethik wird noch in einem zweiten Aspekt diskutiert. Was halten Sie von der Berichterstattung über den Vorfall von Erfurt?

Ich habe selber nur wenig Zeit gehabt, die Berichterstattung über einen längeren Zeitraum genauer zu beobachten. Aber ich habe sowohl im Fernsehen wie auch in den ernsthaften Zeitungen durchaus eine Reihe wirklich guter und auch nachdenklicher und aller Sensation abholder Reportagen und Kommentierungen wahrgenommen. Es hat aber – und dies sehe ich dann bei den Zeitungs-Auslagen an den U-Bahn-Stationen – sicher auch Verungleisungen in Gestalt schriller Schlagzeilen, politischer Instrumentalisierungen und schamloser und übrigens auch instrumentalisierbarer Bilder von trauernden Menschen gegeben. Einigermaßen geschmacklos ist für mein Empfinden auch die Berichterstattung über solche Katastrophen mit den eingeblendeten Aktienkursen. Wirklich zu schaffen machen mir in diesem Zusammenhang aber vor allem drei Beobachtungen: Die erste betrifft die schnelle und von den Journalisten noch am selben Tag aufgeworfene Frage »Wer ist schuld daran?« Die Antworten, die auf diese Frage hastig formuliert werden, waren zum allergrößten Teil kurzschlüssig, völlig unbeweisbar und manche auch ausgesprochen töricht. Das zweite, was mich gestört hat, ist die ebenfalls sofort wie nach jedem Katastrophenereignis gestellte Frage nach dem Zeitpunkt der Rückkehr zur Normalität. Ich höre da zwischen den Zeilen immer auch heraus: »Wie schnell dürfen wir endlich vergessen und wie lange müssen wir uns stören lassen?« Ich meine, in solchen Momenten sind eigentlich Trauer und Mitgefühl (in diesem Falle mit den Schülern, mit den Angehörigen der Opfer, aber auch mit den Eltern des Täters) die einzig angemessenen Reaktionen. Und dazu muss man sich erst einmal von dem Geschehenen betreffen lassen und das Geschehene aushalten, und dies alles ist auch eine Frage der Zeit, die man sich dafür lässt. Ich bin zutiefst davon überzeugt, dass Humanität nur möglich ist, wenn wir uns von der Inhumanität in unserer Nähe in diesem Sinn auch selbst verwunden lassen. Das dritte, was mich geradezu erschüttert hat, ist die Reaktion mancher Menschen, die zu mir oder zu anderen, mit denen ich gesprochen habe, gesagt haben: »So etwas wie in Erfurt passiert jeden Tag zigmal, wenn nicht hier, dann eben irgendwo anders auf der Welt. Ich habe keine Zeit oder auch keine Lust, mich darüber aufzuregen.« Diese Reaktion der Einebnung provoziert in mir die Frage: »Was bedeutet es für eine Gesellschaft eigentlich, wenn sie solch eine Tat einfach für den Bestandteil unserer Wirklichkeit, so wie sie eben ist, hält und sich nicht mehr darüber entrüsten kann? Fehlt dann nicht die Voraussetzung dafür, gegen solche Verbrechen vorzugehen und alles daranzusetzen, dass sie sich eben nicht wiederholen?«

Der Bundeskanzler hat als Reaktion auf dieses furchtbare Ereignis die Verantwortlichen einiger Sender an den runden Tisch gebeten. Was kann man von dieser Vorgehensweise erhoffen?

Ich glaube, dass dies eine eher symbolische Initiative des Bundeskanzlers ist. Sie demonstriert von Seiten der Regierung, dass angesichts eines schlimmen Ereignisses politisch sofort gehandelt wird. Und sie demonstriert von Seiten der Sender, dass man sich des Problems bewusst ist und dass man die Stimmungslage vieler Menschen in der Bevölkerung ernst nehmen möchte. Allerdings wird ein solcher, einmal oder mehrmals organisierter runder Tisch allein nichts, aber auch gar nichts verändern. Vor allem sitzen weder die privaten Sender noch die Hersteller und Anbieter von Gewaltspielen und Internetbeiträgen mit am Tisch. Herauskommen kann also bei der genannten Initiative bestenfalls eine Selbstverpflichtung des öffentlich-rechtlichen Fernsehens. Das kann natürlich auch ein kleiner Beitrag zur Ächtung von Gewalt sein, der der Öffentlichkeit zeigt, wo die Grenzen des von der Gesellschaft Akzeptierten und Gewollten verlaufen. Aber die private Nutzung der unermesslichen Ressourcen an Gewaltdarstellung, Brutalität und Menschenverachtung vermag sie nicht wirklich zu kanalisieren. Wenn es dennoch Ausdruck des gemeinsamen Wertebewusstseins und des Willens, Gewalt einzudämmen, ist, ist es natürlich dennoch kein sinnloses Unternehmen.

Die Fragen stellte Gabriele Merk. Das Interview erschein in der Online-Zeitschrift Quod est dicendum 2002 und wurde abgedruckt in der Festschrift 25 Jahre Willi-Graf-Realschule – 35 Jahre Willi-Graf-Gymnasium Saarbrücken, Saarbrücken 2003, S. 80–82.

15. Begnadigung der RAF-Terroristen?

Die mögliche vorzeitige Entlassung der zu einer lebenslangen Freiheitsstrafe verurteilten RAF-Terroristen Brigitte Mohnhaupt (57) und Christian Klar (54) polarisiert die öffentliche Debatte. Im Interview geht es um ethische und juristische Aspekte von Gnade, Versöhnung und Reue.

Sollen die RAF-Terroristen Mohnhaupt und Klar freigelassen werden?

Zuerst sollte man daran erinnern, dass die beiden auch bei einer vorzeitigen Freilassung nicht für schuldlos erklärt würden. Die Schuld ist durch die Haftzeit nicht gesühnt. Eine vorzeitige Entlassung würde auf der Erkenntnis von Fachleuten fußen, dass von Mohnhaupt und Klar keine Gefahr mehr ausgeht. Man würde ihnen damit aber die Möglichkeit geben, nach langer Zeit ihr restliches Leben unter anderen Bedingungen zu verbringen.

»Nicht sieben, sondern siebenundsiebzig Mal sollst du vergeben« sagt Jesus zu Petrus. Das ist ein hoher Anspruch. Muss das angesichts schlimmster Verbrechen den Menschen nicht überfordern?

Dieser Satz lässt sich nicht eins zu eins in die politische und rechtliche Praxis übernehmen. Jesus erwartet dies sicher auch nicht. Es geht vielmehr darum, dass der Impuls zur Versöhnung beim Menschen immer da sein sollte. Es gibt eben das Böse in der Welt. Allerdings bewegen wir uns in Sachen vorzeitige Haftentlassung nicht nur auf dem Feld moralischer Appelle, sondern im Rahmen einer staatlichen Rechtsordnung. Und die kann sich nicht allein auf biblische Intentionen gründen.

Aber auch der Staat kann Gnade walten lassen…

Richtig. Damit kann der Rechtsstaat etwas von dem angesprochenen christlich fundierten Impuls umsetzen. Eine andere Möglichkeit besteht darin, die Inhaftierung oder die Bestrafung derart zu gestalten, dass sie nicht einfach nur ein Versuch der Vergeltung oder gar der Rache ist. Dabei schwingt das Bewusstsein mit, dass Gerechtigkeit immer nur begrenzt herstellbar ist. Das Gericht Gottes ist auf Erden nicht machbar.

Wie aber steht es um die Gefühle der Angehörigen der Terroropfer? Die Witwe von Hanns-Martin Schleyer hat eine Haftentlassung abgelehnt.

Natürlich muss man auf die Gefühlslage der Angehörigen Rücksicht nehmen. Ihre Trauer, ihre Wut und ihre Gefühle kann und darf ihnen niemand wegnehmen oder wegreden. Aber vielleicht ist es auch gut, dass die Angehörigen nicht selbst über eine vorzeitige Haftentlassung zu entscheiden haben. Es muss den Fachleuten überlassen bleiben, die Möglichkeit eines Rückfalls beim einstigen Täter genau zu prüfen; und auch ob sie eingesehen haben, dass ihre Taten falsch und menschenfeindlich waren.

Beide Häftlinge haben ihr Tun aber bisher nicht bereut. Wäre dies nicht notwendig, um Vergebung erwarten zu können?

Ich glaube, es ist von außen sehr schwer feststellbar, ob die Betroffenen Reue im theologischen Sinne einer radikalen Ab- oder Umkehr gezeigt haben. Es steht der Gesellschaft auch nicht zu, dies zu verlangen. Echte Reue ist etwas Innerliches, was von außen gar nicht überprüft, geschweige denn erzwungen werden kann. Dennoch gibt es im Laufe einer langen Inhaftierung bestimmte Hinweise darauf, dass Menschen sich verändert haben. Das könnte sich beispielsweise an der äußeren Ernsthaftigkeit ablesen lassen, die wahrscheinlich macht, dass jemand nicht auf seinen alten Weg zurückkehrt. Natürlich könnten die Täter den Hinterbliebenen so etwas auch mitteilen. Das wäre zweifellos wünschenswert.

Beide RAF-Terroristen haben nie Details über die Morde preisgegeben. Ist es moralisch gerechtfertigt, einen Gnadenakt von Bedingungen abhängig zu machen?

Michael Buback, Sohn des von der RAF 1977 ermordeten Generalbundesanwalts Siegfried Buback, hat gesagt, dass er bis heute nicht weiß, wer seinen Vater erschossen hat. Es stört ihn, dass der Täter selbst nach 24 Jahren verbüßter Strafe nichts zur Klärung über den Ablauf der Tat beiträgt und dennoch Gnade erwartet. Ob dieser Einwand allerdings so zu gewichten ist, dass man davon die Entscheidung über die Begnadigung abhängig macht, weiß ich nicht. Dies hängt auch mit juristischen Detailfragen zusammen. Möglicherweise wurden im vorliegenden Fall ja auch Täter geschützt, die bisher nicht belangt wurden. Eine vorzeitige

Freilassung käme dann moralisch gesehen einer Großzügigkeit gleich, weil sie darüber hinwegsähe. Da liegt schon ein Problem.

Warum muss es Gnadenakte in einem funktionierenden Rechtsstaat geben?

Der Rechtsstaat bringt damit zum Ausdruck, dass ihm bewusst ist, keine absolute Gerechtigkeit herstellen zu können. Die Rechtsprechung erfolgt immer nur auf der Grundlage von geltendem Recht und der erreichbaren Beweislage. Beides hat immer auch seine Mängel. Die Herstellung der absoluten Gerechtigkeit müssen und dürfen wir auch im Rechtsstaat dem letzten Urteil Gottes überlassen. Ich wünsche mir, dass die Argumente in dieser Debatte nicht nach Stammtischart ausgetauscht werden. Auch Leute, die nicht so politisch informiert sind, sollten akzeptieren, dass sich Menschen in 24 Jahren Haftzeit ändern können.

Die Fragen stellte Barbara Just. Das Interview erschien im Sonntagsblatt 5/2007, S. 17.

* für eine vertiefte Auseinandersetzung mit dieser schwierigen und kontroversen Frage s. auch meinen Beitrag Die Zumutung der Versöhnung. Ein moraltheologischer Blick auf die RAF-Debatte (in: Herder Korrespondenz 61 [2007] 119–122)

16. Gewissen

Wie definieren Sie den Begriff Gewissen?

Gewissen ist die Bezeichnung für die Instanz im Menschen, die uns hilft, Handlungen als richtig oder falsch bzw. gut oder böse zu erkennen. Sie gibt uns von innen heraus und ohne dass wir es ihr verbieten können, Orientierung für unser Handeln und unsere Lebensführung. Man könnte das Gewissen mit einem Kompass vergleichen, der uns die Pol-Richtung anzeigt und so bei der Findung des richtigen Wegs helfen kann. Aber ein Kompass muss dafür auch geeicht sein, sonst schlägt seine Nadel zwar aus, aber vielleicht in die falsche Richtung. So ähnlich verhält es sich auch beim Gewissen.

Woher kommt das Gewissen?

Es gehört anlagemäßig zum Menschen. Aber diese Anlage muss erst ausgebildet werden. Das ist ein jahrelanger biografischer Prozess, in dem Wahrnehmungen, wichtige (Bezugs-)Personen, die soziale Umwelt, Erfahrungen und die Erkenntnis eine Rolle spielen.

Hat jeder Mensch von Geburt aus ein Gewissen und entwickelt es sich im Laufe des Lebens?

Natürlich hat ein Baby noch kein vollausgebildetes Gewissen; aber es bringt die Voraussetzungen dafür mit. Die müssen dann entfaltet, inhaltlich nach und nach gefüllt und auch trainiert werden. Dafür braucht es Menschen, die es akzeptieren und sich um es kümmern, Orientierung, Korrektur, Wissen und Einsicht, Vernunft und Erfahrung. Es ist im Grunde ähnlich wie bei der Sprache: Ein Neugeborenes kann noch keine Sprache sprechen, aber es hat eine Anlage dazu; und in der Kommunikation und Interaktion mit der Mutter und anderen wohlmeinenden Menschen lernt es nach und nach eine ganz bestimmte Sprache, das eine Deutsch, das andere Französisch und ein drittes Chinesisch.

Kann ein Mensch sein Gewissen ausschalten bzw. verdrängen? Wenn ja, meldet es sich im Unterbewusstsein wieder?

Ja, sicher kann ein Mensch sein Gewissen ausschalten; aber nicht von einem Moment auf den anderen, sondern nur innerhalb eines längeren Prozesses. Das Gewissen meldet sich ja immer wieder, und nicht umsonst sprechen wir von der »Stimme« des Gewissens. Aber die zwingt uns eben nicht, auch entsprechend zu handeln; sie kann auch – wie beim Handy ein störender Anruf – immer wieder »weggedrückt« oder einfach überhört werden. Geschieht das immer wieder, dann wird der Ruf des Gewissens in uns mit der Zeit leiser bzw. wird überlagert von lautstärkeren Botschaften oder Interessen.

Wie ist es möglich, dass Amon Göth, der grausame Lagerkommandant von Plazów, einerseits ein gut erzogener Gentleman war, aber andererseits willkürlich und gnadenlos Menschen gequält und getötet hat?

Eine solche Spaltung der »Leitungszentrale« in einem Menschen gibt es häufiger, und sie ist für viele NS-Täter typisch. »Gut erzogen« heißt ja nicht automatisch gewissenhaft, rücksichtsvoll und die Menschen achtend, sondern u.U. nur auf Gehorsam, Folgsamkeit und Ordentlichkeit getrimmt.

Aus dem Töten hatte er eine »Show« gemacht. Die Lagerband musste bei Hinrichtungen spielen, bei dem Tragen seines Tirolerhutes mussten die Lagerinsassen das Schlimmste befürchten. Warum hat ihn das Gewissen nicht an den Taten gehindert?

Niemand heute weiß, ob er vielleicht dabei doch Gewissensbisse hatte und ob er die nicht überspielt oder zum Schweigen gebracht hat. Deshalb vielleicht auch die inszenierte Rolle, mit er sich dabei förmlich maskiert hat. Das half ihm vermutlich dabei, auf dem Platz ein Anderer zu sein, also nicht der Vater seiner Kinder oder der Mann seiner Frau, nicht der Sohn seiner Eltern, der Bruder seiner Geschwister oder der Kamerad aus der Schulklasse, sondern der unberechenbare Bösewicht, vor dem alle Angst haben; das – so könnte er gemeint haben – verlangt das Amt eines Lagerkommandanten und die staatliche Ideologie von ihm. Amt und Ideologie sichern sich die Loyalität ihrer Funktionäre dadurch, dass sie ihnen Macht geben über Menschen, die mit allem rechnen müssen, auch mit ihrer Ermordung und totalen Demütigung. Dazu kommen als weitere Sicherungsmechanismen noch der Eid und die unaufhörliche Indoktrination.

Amon Göth hat bei seinem Prozess in Krakau alle Anklagepunkte verneint und keine Reue gezeigt. Was besagt das über sein Gewissen?

Vielleicht, dass er es erstickt hat. Vielleicht auch, dass er es mit Ideologie, mit Machtgefühl, mit radikalem Gehorsam und mit Härte überdeckt hat. Reue ist ja ein unangenehmes Gefühl, auf das man sich einlassen muss. Das ist nicht so einfach, weil es ja irgendwie den Willen voraussetzt, es anders gemacht zu haben.

Kurz vor seiner Hinrichtung hat er noch »Heil Hitler« geschrien. Was könnte er damit beabsichtigt haben? Kann dies eine Provokation gewesen sein?

Ja, das ist durchaus möglich. Ich glaube allerdings eher, dass viele Täter angesichts des absehbaren Endes sich verhärten und sich noch als Helden inszenieren wollen, die dem Führer bis zur letzten Konsequenz Treue bewahrt haben. So kann nämlich der vermeintliche Sinn ihres Lebens und Tuns unangefochten bleiben.

Welche Ursachen können in der Kindheit/Jugend liegen?

Einseitige Gehorsamsorientierung und eine Erziehung, die weder auf die Entwicklung der Persönlichkeit noch auf die des Verantwortungsbewusstseins geachtet hat, sondern nur auf Konformität mit dem, was von Autoritätspersonen und vorgegebenen Ordnungen verlangt wird.

Kann jeder Mensch so werden wie Amon Göth?

Bei entsprechenden Voraussetzungen und Veranlagungen möglicherweise. Andererseits sind Erziehung und Bildung, aber auch Informiertheit über solche Existenzen und ihr Zustandekommen und eben auch die Ermutigung zur Übernahme eigener Verantwortung gute Bedingungen, dass eine solche Entwicklung gerade nicht eintritt. Dazu braucht es natürlich Freiheit und die Möglichkeit, über alles in Ruhe nachzudenken. Ich glaube, dass die meisten jungen Menschen heute solche besseren Bedingungen haben, so dass sie sich eben nicht zu kleinen Göths entwickeln. Aber ein Rest an Abgründigkeit steckt in jedem von uns

Die Fragen stellte Alexandra Figl, Schülerin der Klasse 12 des Gymnasiums der Benediktiner Kloster Schäftlarn. Das Interview ist Teil der unveröffentlichten Jahresarbeit von 2016..

Zu 13. – 16.: Kontexte und Verläufe der Debatten

Die vier Interviews dieser Gruppe sind – sowohl was die Themen als auch, was die veranlassenden Kontexte betrifft – denkbar heterogen. Aber sie werden zusammengebunden durch das rote Band »individuelles Gewissen«.

In der theologischen Ethik wurde das Phänomen eines innerlich erlebten Anspruchs, der nicht vertreten noch delegiert werden kann, und das die gesamte Ethikgeschichte seit der sog. Achsenzeit vor zweieinhalb Jahrtausenden begleitet und bewegt hat, vor allem im Spannungsfeld zwischen dem Einzelnen und den legitimen Autoritäten im Gesamten und dem kirchlichen Amt im Speziellen thematisiert und diskutiert (»Gehorsam«, »Widerstand«). Doch reicht die Tragweite seiner Anerkennung noch viel weiter und tiefer.

Das Zweite Vatikanum hat sich in der Pastoralkonstitution *Gaudium et spes* (1965) nr. 16f. und in der Deklaration über die Religionsfreiheit *Dignitatis humanae* (1965) zum ersten Mal in der Kirchengeschichte ohne Vorbehalt und unmissverständlich zur Würde des Gewissens als der verborgenen Mitte und dem Heiligtum im Menschen, »wo er allein ist mit Gott«, bekannt und als Konsequenz zur Freiheit des Suchens nach der Wahrheit – auch in moralischen Fragen – aufgerufen. Das ist, negativ gesehen, die Anerkennung der ethischen Basis des modernen Staates und, positiv gesehen, der erklärte Verzicht der Kirche, die aus einer anderen Tradition kommt, Staat im Staat, eine in sich genügsame und auf die nichtkirchliche Gesellschaft nicht wirklich angewiesene eigene Gesellschaft (societas perfecta), Konkurrentin und Legitimatorin des Staats bzw. der Gesamtordnung sein zu wollen.

Aufgaben und Konfliktmöglichkeiten bleiben dennoch genügend. Einzelne davon werden in den Interviews exemplarisch beleuchtet. In dem an den Schluss gesetzten Gespräch 16. wird auch noch einmal deutlich gemacht, dass das Gewissen keine außerweltliche Erkenntnisquelle mit direktem Anschluss an den göttlichen Willen und Ratschluss ist, sondern sich faktisch aus dem ethischen Wissen, den Werten und Idealen zusammensetzt, die eine Person biografisch durch Gewohnheit, Erziehung, eigene Erfahrungen und Einsicht gelernt hat und dass es insofern auch der Fehlbarkeit unterliegt. Andererseits ist das Gewissen die letzte individuell erreichbare und nicht hintergehbare Instanz der Verbindlichkeit, mit deren Befolgung oder Ignorierung unsere moralische Identität steht und fällt. Die Fehlbarkeit im konkreten Urteilen kann aber minimiert werden, indem wir uns ständig um die jeweilige Verbesserung unserer Erkenntnis bemühen. Dafür können auch Anstöße von außen und Erkenntnisse anderer hilfreich sein.

Beobachtungen zum öffentlichen Ethikdiskurs

Dass seit den 1970er-Jahren in der Öffentlichkeit immer wieder so intensiv über ethische Fragen debattiert wird, dass Beobachter wiederholt von einem regelrechten Ethik-Boom gesprochen haben, ist alles andere als zufällig. Es ist aber auch nicht allein das Verdienst der akademischen Ethik, die bedrängt vom zeitweisen Monopolanspruch von Soziologie und Gesellschaftsphilosophie einerseits und der Reduktion der ethischen Probleme auf Fragen des richtigen Sprachgebrauchs (»Metaethik«) überlebt hat und sich seither reichlich entfaltet hat. Vor allem war dieser Boom eine Reaktion auf das allenthalben aufgekommene und sich vielfach verdichtende Gefühl, dass im Zuge der gesellschaftlichen Entwicklung und der rascher als früher eintretenden Veränderungen viele oder tendenziell sogar alle grundlegenden normativen Orientierungen abhandenkommen zu scheinen. Schnell war aber auch klar, dass ein bloßer Rückgriff auf traditionelle Ideale, »Werte« und Handlungsnormen für die Lösung der aktuell anstehenden Probleme nicht wirklich ausreichen könne.

So war die Rehabilitierung der ethischen Reflexion und die ihr zugrundeliegenden moralische Sensibilität und Orientierungsbedürftigkeit, die auch weit in die Theologie hinein ausgestrahlt haben, die bei aller Kritikwürdigkeit im Einzelnen seit jeher über eine ausdifferenzierte, methodisch ausgefeilte und vor allem auf konkrete Fragen des Lebens bezogene Praxis ethischer Beurteilung verfügt, nicht nur Angelegenheit einer vorübergehenden akademischen Mode, sondern Ausdruck und Begleitphänomen einer gesellschaftsweiten Suchbewegung und kollektiven Vergewisserung. Dieser war von Beginn an deutlich die Tendenz eigen, die nationalen Kulturräume zu überschreiten und die Zäune der etablierten Fachdisziplinen als Begrenzungen zu ignorieren bzw. deren ganz unterschiedliche Perspektiven zusammenzuführen.

Entsprechende Bemühungen fanden sichtbaren Ausdruck und Niederschlag in einer enormen Fülle von wissenschaftlichen Arbeiten einzelner Wissenschaftler zu speziellen ethischen Themen und Problemen. Ferner in transdisziplinären Symposien, interdisziplinären Kolloquien und Vorlesungsreihen, gemeinschaftlichen Forschungsprojekten und Gutachten aus fachlich verschiedenen Perspektiven.

Ein weiteres typisches Phänomen dieser neuen Ethik- und Expertenkonjunktur bestand darin, dass diese Anstrengungen nicht auf den Binnenraum der Foren der Wissenschaft beschränkt blieben. Vielmehr wurden sie auch – und das stetig – in den prominenten Feuilletons der gehobenen Presse und in den Diskussionssendungen der Medien aufgegriffen und begleitet, und das großenteils auf hohem Niveau. Das bedeutet nicht weniger, als dass die ethische Diskussion in die breitere Öffentlichkeit Eingang gefunden hat und dass Orte und Gelegenheiten entstanden sind, an denen die Einschätzungen und auch Befürchtungen einzelner Bürger und die Sorgen engagierter Gruppen um das allgemeine Wohl mit den Vorstellungen und Plänen der Wissenschaftler und der Entscheider zusammengebracht werden konnten. Vor allem im zeitlichen Vorfeld parlamentarischer Beratungen und von Entscheidungen des Gesetzgebers haben die Erörterungen und Debatten so die für die öffentliche Wahrnehmung und Teilnahme unverzichtbare Funktion, Argumente pro und contra zu bündeln, Debatten und Schwerpunkte der Auseinandersetzung einzuordnen, und auch: zuzuspitzen und Sichtweisen, Argumentationen und Positionen zu vereinfachen, um die griffiger diskutieren zu können.

Die Politik, ansonsten vor allem bedacht, Recht und Moral strikt auseinander zu halten, hat auf die Veränderungen und stark erweiterten Eingriffsmöglichkeiten menschlichen Könnens sowie auf die daraus erwachsenen Grundsatzdebatten in vielen Ländern damit reagiert, dass sie neben die »freien« Ethikdiskussionen im öffentlichen Raum von ihr eigens organisierte und institutionalisierte gesetzt hat, indem sie regierungs- oder aber parlamentsnahe Kommissionen eingerichtet hat. Diese Ethikkommissionen bestehen aus Experten für die entsprechenden Sachfragen aus den verschiedenen relevanten Fachrichtungen und/oder aus Repräsentanten wichtiger gesellschaftlicher Gruppen. Sie dürfen selbst kein politisches Amt innehaben.

Die Aufgabe, die den Kommissionen obliegt, ist eine mehrfache: Von Seiten der Politik, die sie eingesetzt hat, wird ihnen zugemutet, dass sie nichts entscheiden dürfen; zugleich wird aber von ihnen erwartet, dass sie sie auf der Basis ihrer Expertise bestmöglich beraten. Ethisch sollen sie das im Augenblick zu einer bestimmten Problematik verfügbare Wissen auf dem neuesten und besten Stand und unter möglichst vielen Aspekten zusammentragen und trotz der Unterschiedlichkeit der Perspektiven, Ausgangspunkte und fachspezifischen Sichtweisen und Terminologien füreinander und für alle Interessierten der nichtfachlichen Öffentlichkeit kompatibel machen. Viele der Kommissionen haben ausdrücklich auch den gesetzlichen Auftrag, in der Öffentlichkeit über die Entwicklungen in Forschung und Techniken zu informieren und Problembewusstsein zu wecken und Argumente bereitzustellen sowie über die Einsichten und gemeinsamen Überlegungen der Kommission zu unterrichten. Dem kommen sie dann gewöhnlich durch eigene Veranstaltungs- und Publikationsformate nach. Hinsichtlich der weltanschaulich-religiösen und kulturellen Pluralität der Bevölkerung besteht auch die Erwartung, dass wenigstens die größeren und meinungsstarken Gruppen und Überzeugungen berücksichtigt werden und dass die Ethikkommissionen sich bemühen, mögliche Übereinstimmungen und die Zustimmbarkeit von erwogenen Lösungsvorschlägen auszuloten. Unterstützt wird diese Erwartung durch die Erfahrung, die immer wieder in derartigen Kommissionen gemacht wird, dass nämlich in konkreten Fragen neuer Anwendungen Übereinstimmungen bzw. wenigstens Konvergenzen auch dort möglich sind, wo die theoretischen Ausgangspunkte weit auseinanderliegen und man sich über das theoretische Paradigma von Ethik nicht einigen kann bzw. wo kulturelle Unterschiede oder andersartige kollektive Erfahrungen von vornherein unüberwindbare Differenzen signalisieren.

Infolgedessen kann es bei der Tätigkeit von Ethikkommissionen auch nicht darum gehen, in einem ersten Schritt eine gemeinsame theoretische Konzeption zu erarbeiten und dann in einem zweiten Schritt Folgerungen aus dieser für konkrete Fallkonstellationen zu ziehen. Diese Vorstellung von »Anwendung« ist zwar außerhalb von Fachkreisen verbreitet. Tatsächlich geht es bei den zur Debatte stehenden Anwendungen aber gerade darum, von vornherein die empirischen Fakten, Sachstände und Zusammenhänge sowie die realen, oft sehr komplexen Kontexte, in denen gehandelt und entschieden werden muss, sowie die Folgen für die Gesellschaft in die Erwägungen einzubeziehen. Eindrucksvollen Anschauungsunterricht darüber, wie empirische Sach- und ethisch-politische Bewertungsfragen ineinandergreifen und aufeinander angewiesen sind, bot jüngst der Umgang mit der Corona-Pandemie. Es kann sich dann als notwendig und angemessen herausstellen, mehrere Sichtweisen und zu beachtende Grundsätze miteinander zu verknüpfen. Das Ergebnis sind sogenannte gemischte Normen. Menschen, die in dieser Situation rein prinzipielle moralische oder rechtliche Aspekte wie z.B. unbedingter Schutz des Lebens, Gewerbefreiheit, Versammlungsfreiheit, Meinungsfreiheit und Demonstrationsrecht bis hin zu Verhetzung und Sympathie für den Einsatz von Gewalt gelten lassen wollten, ohne empirische Sachverhalte wie die Ansteckungsdynamik, die erhöhte Gefährlichkeit für bestimmte Personengruppen der Bevölkerung, die Spätfolgen, die Überlastung des Gesundheitssystems u.ä.m. zu kümmern, bleibt dann nur der Ausweg in Verweigerung, Denunziation oder Protest.

In der amerikanischen Sozialphilosophie stößt man in ähnlichen Zusammenhängen immer wieder auf den Begriff der common morality. Doch ist der nicht so gemeint, als ob sich die gemeinsamen moralischen Überzeugungen durch Debatten herausfinden oder konstruieren ließen. Vielmehr möchte diese Formel zum Ausdruck bringen, dass es bei allen Differenzen und Diversitäten doch so etwas gibt wie einen universell gültigen Kern von Moral in den einzelnen Menschen und auch in der Gesellschaft. Der gilt allerdings als eher klein und umschlossen von einem größeren Bereich individuumsspezifischer Moral sowie einem weiteren, noch umfangreicheren aus kultur- und berufsspezifischen Normen und Werten.[1] Diese Vorstellung ähnelt dem schon alten und klassischen Gedanken von einer den Menschen gemeinsamen Natur und warnt davor, ihn einfach als überholt zu verabschieden. Aber sie warnt gleichzeitig auch davor, diesem Gedanken wie über weite Strecken der Geschichte der Ethik – auch und gerade der theologischen – zu viel an Konkretionen für das Handeln zuzutrauen bzw. abverlangen zu wollen.

Zur Signatur der neueren öffentlichen Debatten über ethische Probleme gehört ferner, dass die Qualität der sichtbaren Gegensätze und Konflikte an den Schnittstellen von empirischen Wissenschaften, individueller Expertise und existierenden Normensystemen (vor allem dem staatlichen Recht) nicht ohne Weiteres klar und eindeutig ist. Oft stellt sich erst im Verlauf längerer und intensiv geführter Debatten heraus,

---

[1] Bekannt geworden ist dieser Gedanke vor allem durch seine Verwendung in dem weltweit verbreiteten Werk von Tom L. Beauchamp/James F. Childress, Principles of Biomedical Ethics, New York/Oxford [5]2002, und die sich daran entzündende Diskussion. S. dazu etwa den informativen Einführungsbeitrag von Oliver Rauprich, Prinzipienethik in der Biomedizin, in: ders./Florian Steger (Hg.), Prinzipienethik in der Biomedizin. Moralphilosophie und medizinische Praxis, Frankfurt a. M./New York 2005, 11–45, bes. 19–33.

ob es sich um normative, institutionelle, kulturelle Gegensätze oder vielleicht doch um Aufmerksamkeits-Differenzen handelt. Debatten sind nur dann zielführend, wenn die Teilnehmer sich nicht als Vertreter des Anspruchs verstehen, von vornherein schon im Besitz der richtigen Lösungen zu sein. Zugleich müssen sie auch der Neigung widerstehen, das Fragen nach der Richtigkeit und Verantwortbarkeit aufzugeben, und mit Engagement die Bereitschaft verteidigen, sich an der Suche danach zu beteiligen, im Austausch mit anderen. Folgerichtig unterwerfen sie sich auch der Zumutung, ihre jeweilige Position wenn nicht in der großen Öffentlichkeit, so doch wenigstens in der beschränkten Öffentlichkeit einer Kommission, darzulegen und zu begründen. Zugleich muten sie den anderen Teilnehmern zu, aktiv in die Debatte einzutreten.

Im Unterschied zu den Äußerungen eines Gremiums, die mit Mehrheiten beschlossen, im Idealfall sogar konsentiert wurden, sind die Äußerungen von Einzelnen in einem Interview stets persönlich und individuell. Sie sind infolgedessen auch offen dafür, dass Selbsterlebtes eingefügt wird oder dass aufgrund eigener Erfahrungen Verknüpfungen mit bestimmten Empfindungen wie Ängsten, Trauer, Hoffnungen und anderen hergestellt und in die Bewertung einbezogen werden.

Zur Rolle der theologischen Ethik in der Öffentlichkeit

Ohne Zweifel möchten theologische Ethik und christliche Kirchen als Entwicklungsräume bzw. soziale Resonanzkörper ethischer Verbindlichkeiten und Maßstäbe aktiv werden, wo immer in der Weiterentwicklung der Gesellschaft neuer Orientierungsbedarf sichtbar wird. Sie sehen es als eine genuine Aufgabe aus dem Glauben an, dazu beizutragen, dass gutes Leben für jeden gelingen kann, und dafür Sorge zu tragen, dass die Gesellschaft in ihren verschiedenen Formationen darauf ausgerichtet ist und Sensibilität entwickelt sowohl für die strukturellen Schwierigkeiten, die dem entgegenstehen, als auch für die multiple Verwundbarkeit und die faktischen Defizite von Einzelnen und Gruppen.

Über lange Zeit waren die Theologie und die Kirchen mit ihren Organen und Organisationen so etwas wie die tonangebenden und geborenen Sprecher und Anwälte der Thematisierung ethischer Fragen in der umfassenden gesellschaftlichen Öffentlichkeit. Mit gemeinsamen Hirtenworten und Denkschriften haben sie sich dafür eigene Werkzeuge geschaffen. Katholikentage bzw. Kirchentage waren ein zusätzliches Podium, das ebenso wie kirchenbezogene Arbeitskreise in den Parteien diesem Sprechen und Suchen politische Relevanz und Konkretion verschaffen konnten.

Diese faktisch privilegierte Zuständigkeit ist in den letzten Jahren in Teilen erodiert. Zusätzlich haben die christlichen Kirchen als Moralagenturen von vielen Seiten her Konkurrenz bekommen. Sie dürfen zwar weiterhin ihre Sichtweise und ihre Stimme einbringen, müssen allerdings damit rechnen, dass auch andere Akteure wie Bürgerbewegungen, Berufsorganisationen, Betroffenengruppen und vom Staat eingerichtete Ethikgremien, aber auch Nichtregierungsorganisationen und Aktivistengruppen profiliert und sachkundig Stellung beziehen und den Anspruch erheben, dass ihre Überlegungen auf den verschiedenen Ebenen gesellschaftlicher Meinungs- und politischer Willensbildung einbezogen oder sogar maßgebend werden.

Das versetzt die theologische Ethik und die kirchliche Moralverkündigung ungewollt in einen veränderten, weil vielstimmigen Bezugsrahmen, in dem das Gehört-Werden stärker als früher davon abhängt, dass die vertretenen Positionen einerseits lebensnah sind und andererseits gut begründet werden bzw. oft sogar »evidenzbasiert« sein sollen. Möglicherweise müssen sich theologische Ethik und kirchliche Moralverkündigung sogar gegen den Einwand verteidigen, »nur« weltanschaulich gebundene Meinungen zu vertreten, die einen angemessenen Platz allenfalls im privaten Bekenntnis hätten. Tatsächlich ist Öffentlichkeit aber weder eine homogene noch eine neutrale Sphäre. Und der Zugang zu ihrem Selbstverständnis und den Mehrheitspositionen muss in der freiheitlichen Gesellschaft für alle offen stehen, die sich an die grundlegenden Spielregeln halten.

Sicher aber hat die veränderte Rahmen-Konstellation auch Auswirkungen auf die Wahrnehmung der Debatten-Beiträge, die von Seiten der theologischen Ethik und der kirchlichen Moralverkündigung kommen. Vor allem zwei Auswirkungen fordern sie heraus. Die eine besteht darin, dass die Überzeugungskraft der vertretenen Positionen und die Glaubwürdigkeit ihrer Sprecher je länger desto mehr in ihrem institutionellen Kontext beurteilt wird. Das heißt im Klartext: Stellungnahmen und Diskussionsbeiträge zu aktuellen Problemen werden tendenziell verknüpft mit und eingestuft, man könnte auch sagen: in Haftung genommen für Positionen, die in Teilen der Öffentlichkeit als solche »der« Kirche ausgegeben werden bzw. von Repräsentanten derselben als Bestandteil von deren offizieller Lehre beansprucht und nach innen bisweilen mit Sanktionen durchgesetzt werden. Theologische Ethik und kirchliche Moralverkündigung nehmen notwendigerweise Bezug auf die Tradition. Damit setzen sie sich aber zwangsläufig auch der Spannung zwischen geschichtlichen Festlegungen und den (heute raschen und teils heftigen) Veränderungen der sozialen Wirklichkeit insgesamt und der Wissensstände und der Bedingungen speziell aus, unter denen die Adressaten normative Überzeugungen übernehmen und verbindliche Orientierungen aufbauen. Der bloß formale, nicht durch Gründe gestützte Verweis darauf, dass etwas zum Bestand der kirchlichen Lehre gehöre, verschafft den vertretenen Positionen nicht größeres Gewicht.

Die andere Herausforderung, die sich aus der veränderten Konstellation ergibt, besteht darin, verständlich machen zu müssen, was die Theologizität ausmachen soll. Auch hierbei ist der Hinweis auf einzelne Passagen insbesondere der Bibel als Heiliger Schrift nicht ausreichend für die Plausibilität bestimmter Handlungsnormen oder konkreter Empfehlungen in und für die Öffentlichkeit. Solch ein Procedere würde sogar im Gegenteil die Verbindlichkeit der vertretenen bzw. favorisierten Positionen der Gefahr aussetzen, von vornherein als auf den Kreis der Glaubenden beschränkt erklärt zu werden. Tatsächlich besteht die Herausforderung aber darin, auch die religiös inspirierten ethischen Forderungen so zu verstehen und öffentlich zu präsentieren, dass sie auch von Menschen anderen Glaubens und von solchen mit Zweifeln als schlüssig oder zumindest als achtbar wahrgenommen werden können. Solche Schlüssigkeit bzw. Achtbarkeit resultiert aber nicht einfach aus ein paar der Bibel entnommenen und zum zeitlosen Maßstab erklärten Sätzen, sondern wird erst aus der Gegenüberstellung und In-Bezug-Setzung von Problem-Analyse und am Vorbild und der Botschaft Jesu von Nazareth ablesbarem Menschen- und Wirklichkeitsverständnis ermittelt. Es kann durchaus Übereinstimmungen zwischen vernunftbasierter philosophischer und religiös argumentierender Ethik geben. Sie müssen aber erst herausgefunden bzw. -gearbeitet werden, so wie umgekehrt die theologisch-ethische Reflexion sich verpflichtet sehen muss, ihre theologischen Topoi »anschlussfähig« und ihre konkreten Forderungen an das Handeln kommunikabel, also tendenziell für alle verstehbar, zu machen.

Der Mehrwert einer als religiös ausgegebenen bzw. sich auf biblische Fundamente berufenden Sicht besteht nicht in bestimmten normativen Konkretionen, sondern in der Wahrnehmung aktueller Probleme des Handelns und der Gestaltung bzw. Umgestaltung von Strukturen aus dem Horizont des Wissens

- um die Geschenkhaftigkeit von Leben und Schöpfung,
- um die Schönheit und zugleich Unvollkommenheit der Welt,
- um die konstitutionelle Verletzlichkeit des Menschen durch Krankheit, Leid, Sterblichkeit und Schuld,
- um die Vorläufigkeit aller Leistungsmöglichkeiten und
- um die Möglichkeit, auf der Grundlage gegenseitiger unbedingter Anerkennung und liebender Zuwendung zum Anderen in Not und der Sorge für die Erhaltung der Lebensdienlichkeit von Natur und Gesellschaft

das Dasein als gut und im Ganzen bejahenswert erfahren zu können. Die normativen Impulse, die sich daraus ergeben, sind nicht exklusiv.

Vielmehr müssen sie sich bei entsprechender Bemühung auch so fassen lassen, dass sie für Menschen, denen die christlichen Überzeugungen und Denkformen fremd sind, nachvollzogen werden können, sofern nur Offenheit und Bereitschaft vorhanden sind, religiösen Symbolen und Topoi zuzutrauen, bedeutsame Erfahrungen aufzubewahren.

Der katholische Moraltheologe Eberhard Schockenhoff hat die hier skizzierte Rolle der theologischen Ethik und der kirchlichen Moralverkündigung für den öffentlichen Ethikdiskurs in der ebenso kompakten wie programmatischen Formel von der »kritischen Zeitgenossenschaft« zu fassen versucht.[2] Evangelische theologische Ethiker wie Wolfgang Huber und Heinrich Bedford-Strohm umschreiben die Aufgabe von Theologie und Kirche, am Ethikdiskurs in der pluralistischen Gesellschaft teilzunehmen, hingegen mithilfe der Formel von der »Öffentlichen Theologie«.[3]

---

2 Etwa Eberhard Schockenhoff, Kritische Zeitgenossenschaft, Freiburger Texte 57, Freiburg 2007, 26–46, sowie seine größeren Werke Grundlegung der Ethik (Freiburg i. Br. ²2014), Theologie der Freiheit (Freiburg i. Br. 2007) und Ethik des Lebens (²2013).

3 S. dazu u.a. Christine Schliesser, Theologie im öffentlichen Ethikdiskurs. Studien zur Rolle der Theologie in den nationalen Ethikgremien Deutschlands und der Schweiz, Leipzig 2019.

Versuch einer systematischen Einordnung: Nicht-paternalistische Ethik-Kommunikation

Wer ethische Perspektiven und Positionen im Format von Interviews erkundet oder solche anhört bzw. liest, erwartet von vornherein eine andere Art von Auskünften als in Stein gemeißelte Sätze aus dem Archiv einer Lehre oder als unpersönliche, aber sehr präzise Handlungsanweisungen aus dem Portal eines Computers. Vielmehr erwartet oder sucht er Antworten, die interessant sein könnten, weil sie eine Person zum Sprechen bringen, die selbst nachdenkt und die zugleich in dem Feld, das zur Rede steht, über Erfahrungen verfügt. Diese ihre spezifische Sicht ist vor allem gefragt, wobei Sachkundigkeit, Vertrautheit mit den Problemen und Engagiertheit vorausgesetzt werden und bereits die Auswahl des Interviewpartners bestimmt haben.

Gesucht wird aber nicht nur die Authentizität der interviewten Person, sondern auch der Einblick in den Denkprozess, in die Beschäftigung mit den realen Herausforderungen, in die aktuellen Einsichten und in mögliche kritische Einwände. Die fruchtbaren Interview-Fragen sind nicht die, die nach fertigen Handlungsrezepten einschließlich der zu beachtenden Erlaubnisse und Verbote fragen, sondern die, die das eigene Nach- und Weiterdenken des Lesers anregen. Nur dann enthalten die gegebenen Antworten auch das Potenzial, als Rat genommen zu werden oder sogar Orientierung entfalten zu dürfen.

Je pluraler die Gesellschaft und je komplexer die Lebenswelten der Menschen werden, desto weniger genügt die autoritative Einschärfung von konkreten moralischen Handlungsnormen aus der Tradition; und desto weniger passen bloß allgemein formulierte Empfehlungen und Verbote für alle auftauchenden Handlungsprobleme. Als grundlegende Positionen und elementare Werthaltungen sind sie deshalb noch nicht gleich überflüssig und müssen beiseitegeräumt werden. Vielmehr behalten sie ihren Wert als ererbtes gemeinsames Ethos und verhindern ein überstürztes »Verrutschen« der Gesellschaft, wenn der Fokus der öffentlichen Aufmerksamkeit sich plötzlich auf ein völlig anderes Thema stürzt und damit von den Problemen, die bis dahin als prioritär erschienen, abzieht. Gleichwohl bedürfen sie – wenn sie im Gedächtnis der gesellschaftlichen Werte-Institutionen bleiben und wirksam sein sollen – der ständigen Ergänzung, Konkretisierung, Fortentwicklung und kritischen Überprüfung anhand der aktuellen Herausforderungen.

Interviews können im öffentlichen Ethikdiskurs auch solche Brückenfunktion zwischen neuen Problemen und der Weitergabe des gemeinsamen Ethos haben. Das können sie vor allem, wenn es um so existentiell folgenreiche und für das gesellschaftliche Zusammenleben fundamentale Fragen geht wie die nach Beginn und Ende des menschlichen Lebens, nach der Verwundbarkeit des Menschen und nach der Möglichkeit von Beziehungen, in denen sich Menschen nicht einsam, sondern getragen fühlen.

Alternative Instrumente zu Interviews sind Befragungen repräsentativer bzw. spezieller Gruppen der Bevölkerung hinsichtlich ihrer Einschätzung bestimmter Probleme und ihrer gelebten Praxen. Sie vermögen nämlich den Instanzen, die sich der Reflexion von verbindlichen Regeln widmen, bei der Bearbeitung der neu auftauchenden ethischen Fragestellungen größere Nähe zu den realen Ursachen und Bedingungsfaktoren zu sichern. Ohne solche empirischen Erkundungen sind sie auf spekulative Vermutungen angewiesen. Selbst die offizielle kirchliche Moralverkündigung, die herkömmlich die Kompetenz für verbindliche moralische Lehren an das hierarchische Weiheamt (und weniger an den bestmöglichen Wissensstand und auch nicht an das Ideal größtmöglicher Autonomie) geknüpft sah, hat sich in jüngerer Zeit dieses Instrumentes der Befragungen bedient, um ein ungeschöntes, also möglichst realitätstreues Bild eines Lebensbereichs, zu dem man pastoral Hilfreiches sagen möchte, zu bekommen, und damit begonnen, die notwendigen Konsequenzen in synodalen Kommunikationsstrukturen, also beratend in repräsentativen Gremium, zu erörtern.[4]

Im theologischen Vor- und im kirchlichen Umfeld dieser neueren Befragungs- und Beratungspraxis gibt es seit mehreren Jahrzehnten

---

[4] Die ersten Ergebnisse solcher Beratungen unterscheiden sich deshalb von früheren Verlautbarungen (Enzykliken, Instruktionen u. ä.) nicht nur im (»pastoral« genannten) Duktus, sondern auch im Problembewusstsein sowie in der Bemühung, für alle denkbaren Adressaten Signale zu geben, dass die Kirche und ihre Botschaft für sie offen ist, auch wenn ihr Lebensstil nicht den offiziellen Normen entspricht. Die zugrundeliegende Absicht führt da und dort aber auch zu spannungsvollen Aussagen und dem Belassen von nur andeutenden Formulierungen oder Korrekturen. Beispiele bietet das Nachsynodale Schreiben *Amoris laetitia* zur Familienpastoral (2016) von Papst Franziskus.

große Anstrengungen, das Gewissen als Instanz moralischen Urteilens im Einzelnen ernst zu nehmen, und zwar ausdrücklich auch dann und dort, wo es mit den lehramtlichen Vorgaben nicht einfach konform geht. Diese Anstrengungen, die in der Moraltheologie als der für die Ethik zuständigen Disziplin der Theologie, herausgefordert durch eine aufmerksame Seelsorge und befruchtet durch den Austausch mit Psychologie und Psychoanalyse bereits seit den 1930er Jahren intensiv und gegen Widerstände vorangetrieben wurden und die seit dem 2. Vatikanischen Konzil (1962–65) bezüglich einer besonders empfindlichen und historisch belasteten Problematik zur feierlichen Anerkennung der Religionsfreiheit geführt haben, haben zweifellos zu einer veränderten, respektvolleren pastoralen Praxis des Umgangs mit den moralischen Überzeugungen der Einzelnen geführt. Ebenfalls in diesem Zusammenhang wurden die theologischen Begriffe vom sensus fidelium und vom sensus fidei als ekklesiologische Kriterien wiederentdeckt; sie harren darauf, auch hinsichtlich der moralischen Gewissenskompetenz strukturell und verfahrensmäßig näher ausgestaltet zu werden. In jüngerer Zeit hat es darüber hinaus vereinzelte Impulse »von oben«, aber vor allem energische Anstrengungen von Seiten der Theologie und Laienbewegungen gegeben, diesen Blick auf die konkreten Menschen mitsamt ihren Einsichten und gelebten Überzeugungen auch in Korrekturen überlieferter Normierungen und moralischer Verurteilungen zu überführen und einzelnen Gruppen von Menschen, die sich bislang von der Kirche verurteilt oder ignoriert fühlten wie etwa Menschen mit gleichgeschlechtlicher Orientierung oder die wiederverheirateten Geschiedenen, nicht nur Duldung, sondern auch Sichtbarkeit und Anerkennung zu verschaffen.

Nach den früheren Auseinandersetzungen über das Verbot der Empfängnisregelung in der Enzyklika *Humanae vitae* von Papst Paul VI. (1968) und den Streitigkeiten über die Erlaubtheit der Biotechniken (vor allem der Reproduktionsmedizin und der Anwendung der Gentechniken am Menschen) in detaillierten Instruktionen der Glaubenskongregation (*Donum vitae* von 1987 und *Dignitas personae* von 2008) sind zuletzt die Fragen der sexuellen Identität und Orientierung zum Gegenstand der öffentlichen Austragung des Gegensatzes zwischen einer überlieferten und vom Amt vorgegebenen bzw. bekräftigten Lehre über Moral und den Lebensformen und -auffassungen sichtbar gewordener Minderheiten geworden, die mit Berufung auf eigene

Erfahrungen, auf Erkenntnisse von Humanwissenschaften und auf die menschenrechtlich verbürgte Gleichheit in Menschsein und Würde die Freiheit von Diskriminierung und Respekt einfordern. Möglicherweise ist dieses derzeit in Westeuropa und den USA besonders intensive und polarisierte Ringen nicht nur ein Konflikt zwischen zwei gegensätzlichen Konzeptionen von Kompetenz für Moral in der Öffentlichkeit, die man etwas plakativ als »paternalistisch« (im Sinne von: fürsorglich für andere und stellvertretend für diese, man könnte in traditioneller kirchenrechtlicher Sprache auch »autoritativ« sagen) und »nicht-paternalistisch« (im Sinne von: selbstbestimmt und partizipativ) bezeichnen kann, sondern auch eine Frage der unterschiedlichen Geschwindigkeiten des jeweiligen Bewusstseinswandels und damit der Zeit in der globalisierten Welt.

Auch in dieser Beziehung können Interviews als Brücken zum jeweils besseren Verstehen der »Gegenseite«, ihrer Argumente und auch ihrer Gefühle und Empfindlichkeiten fungieren. Andernfalls besteht die Gefahr, dass sich aus dem Konflikt gegensätzlicher Positionen ein moralischer Kulturkampf entwickelt, aus dem beiden Seiten, also die auf grundlegende Reformen Drängenden wie auch die auf dem Status der traditionellen Lehre Insistierenden, als Verlierer hervorgehen könnten und zudem die theologische Ethik ihre Rolle als geschätzte Orientierungs- und Reflexionsinstanz einbüßt, weil ihr eigentliches Potenzial zwischen den Fronten zerrieben wird. Auch die Kirche als lebendiger Resonanzkörper, der grundlegendes Ethos durch den Lauf der Zeiten hindurch bewahrt und aktualisierend weitergegeben hat, könnte in ihrer Kompetenz, Lebensentwürfe moralisch zu prägen und zu begleiten und in ihren Gemeinschaften (Familien, Gemeinden, Schulen und andere Bildungseinrichtungen, Vereine, Aktionen usw.) gesellschaftliche Bindekraft zu generieren und nach außen abzugeben, geschwächt werden.

Zuletzt ist im Zusammenhang mit dem Nachdenken über das Format Interview auch noch darauf hinzuweisen, dass die Verschiebung im Kompetenzanspruch für die Moral auch Konsequenzen für den sprachlichen Gestus der Institution Kirche und ihrer Repräsentanten haben muss: Normative Überlegungen können nun nicht mehr automatisch als Vorschriften und Verbote artikuliert werden. Vielmehr erscheint es angemessener, jedenfalls soweit es sich um komplexere Probleme handelt, sie als Angebote zum Selbstdenken und als Vorschläge zum Prüfen vorzustellen; und sie mit Signalen des Wissens um die Begrenztheit solcher Vorschläge für neue und komplizierte Problemlagen und der Vorläufigkeit des Wissensstandes, auf dessen Grundlage der betreffende Regelungsvorschlag gemacht wurde, zu verbinden.[5]

[5] In meinem Buch Ehe – Partnerschaft – Sexualität, Darmstadt 2015, habe ich im Schlusskapitel versucht, einige Grundzüge einer solchen veränderten Moralkommunikation unter den Stichworten Moral als »Angebot«, Respekt vor dem individuellen Lebens- und Beziehungsweg, Ethos der Vermeidung von Diskriminierung, Bewusstsein der grundsätzlichen Fragilität, Achtung der Würde und Bezugnahme auf die Barmherzigkeit zu skizzieren.

Zeitfracht Medien GmbH
Ferdinand-Jühlke-Straße 7
99095 Erfurt, Deutschland
produktsicherheit@kolibri360.de